La vérité sur les accords toltèques

La vérité sur les accords toltèques

Gilles Azzopardi

FIRST
Editions

La vérité sur les accords toltèques

ISBN : 978-2-7540-5388-4
Dépôt légal : septembre 2013
Imprimé en Italie

Correction : Christine Cameau
Indexation : Muriel Mekies
Couverture : Olivier Frenot
Mise en page : KN Conception

Éditions First, un département d'Édi8
12, avenue d'Italie
75013 Paris

Tél. : 01 44 16 09 00
Fax : 01 44 16 09 01

E-mail : firstinfo@efirst.com
Internet : www.editionsfirst.fr

À propos de l'auteur

Psychosociologue, **Gilles Azzopardi** est l'auteur de plus d'une vingtaine d'ouvrages de psychologie, dont :
Manipulation : 300 trucs et astuces pour obtenir tout ce que vous voulez (First, 2013)
Le Bonheur est dans la citrouille (First, 2012)
Moi (en vrai) (First, 2011)
Manuel de manipulation pour obtenir (presque) tout ce que vous voulez (First, 2008).

Sommaire

Pour commencer...

Dans *Les quatre accords toltèques*[1], Miguel Ruiz part de l'idée suivante : tout au long de notre vie, notamment dans notre enfance, nous passons des accords avec nous-mêmes et les autres, qui nous rendent malheureux. Ces accords pénalisent notre vie affective, amoureuse, sociale, parce qu'ils vont à l'encontre de ce que nous sommes vraiment, de nos besoins, nos désirs, nos aspirations profondes et réelles.

Les quatre accords enseignés par les Toltèques depuis un bon millier d'années seraient des outils puissants pour briser nos accords passés, les remplacer par d'autres, bien meilleurs, et nous libérer de tout ce qui nous asservit.

À terme, si on les suit au pied de la lettre, nous accéderions à la liberté, au bonheur, à l'amour, nous serions au paradis sur Terre.

Pourquoi pas ? Ce n'est pas la première fois que l'on nous promet des lendemains qui chantent, avec des résultats plus ou moins mitigés. C'est ce que font toutes

1. Ouvrage écrit par Don Miguel Ruiz en 1997 sous le titre original *The four agreements* et traduit en France par Olivier Clerc aux éditions Jouvence en 1999 sous le titre *Les quatre accords toltèques* puis paru en version de poche aux éditions Jouvence en 2005. C'est sur cette dernière édition que le présent ouvrage s'appuie et dont les citations composées en italique sont extraites.

les religions, toutes les idéologies, et l'on en connaît les dérives. Prenons par exemple le christianisme ou le communisme. Au début, l'idée est bonne, il est question d'amour, de liberté, d'égalité, de fraternité, etc., mais l'être humain étant ce qu'il est, en vient vite à oublier ses promesses. Pire même, au nom de sa religion ou de son idéologie, il se croît tout permis, d'où les fanatismes, l'Inquisition, les goulags, l'extermination de ceux qui ne pensent pas comme lui… Cela dit, en ces temps troublés, s'il y a un peu de sagesse à prendre, pourquoi s'en priver ?

Quelle est la valeur du code de conduite proposé par Miguel Ruiz ? Est-il vraiment original, efficace ? Quelles en sont les limites, les failles ? Comment aller plus loin ? Ce livre s'efforce de répondre à toutes ces questions et bien d'autres encore.

Qui sont les Toltèques ?

On ne sait pas grand-chose à leur propos, sinon que c'est un peuple de l'Amérique précolombienne qui a existé entre les années 900 et 1200 de notre ère. Leur capitale, Tula, était située près de Teotihuacán, dans l'actuel Mexique.

Ce qu'on sait des Toltèques, c'est essentiellement ce qu'en disent les Aztèques, qui leur ont succédé. Par exemple, dans le Codex de Florence, la « Bible » de la civilisation aztèque compilée vers la fin du XVIe siècle par un moine franciscain, Bernardino de Sahagún, on trouve la description suivante :

« Les Toltèques étaient sages. Leurs œuvres étaient toutes bonnes, toutes parfaites, toutes admirables, toutes merveilleuses... Ils ont inventé l'art de la médecine... Et ces Toltèques étaient très sages, car c'étaient des penseurs, car ils ont inventé le décompte des années... Ces Toltèques étaient justes. Ils n'étaient pas trompeurs. [...] Ils étaient très pieux... Ils étaient riches[2]. »

Mais la plupart des historiens actuels en doutent. Selon eux, il s'agirait de « propagande » : les Aztèques glorifieraient le passé tout simplement pour affirmer leur légitimité et assurer leur pouvoir. Leurs successeurs, notamment les Mayas, ont également prétendu descendre des grandes lignées royales toltèques. Certains historiens, par exemple Daniel Garrison Brinton[3], pensent même que cette vision idyllique des Toltèques est due au syndrome du « bon vieux temps » : c'était mieux avant !

2. Sahagún, 1950-1982 ; livre X, 165-170.
3. « Were the Toltecs an Historic Nationality? », *Proceedings of the American Philosophical Society*, vol. XXIV, n° 126, 1887, p. 229-241.

En fait, si l'on se réfère à la langue *nahuatl* (prononcez *naouac*), parlée depuis le Xe siècle par de nombreux peuples d'Amérique du Nord et d'Amérique centrale, le terme « toltèques » signifie « maîtres bâtisseurs ». On les distinguait ainsi des peuples nomades.

On sait cependant que leur culture était de type chamanique, ce qui suppose que le monde tout entier, le ciel, la terre, les êtres vivants, les objets, etc., est animé de forces, d'esprits, bons ou mauvais. Le chaman – un peu l'équivalent du sorcier, d'un Merlin, dans nos traditions occidentales – est celui qui est capable de communiquer et de « dompter » les esprits ; il est à la fois prêtre, guérisseur, voyant, etc.

Miguel Ruiz, si on veut le croire, en, serait un lui-même.

Qui est Miguel Ruiz ?

La biographie de l'auteur des *Quatre accords toltèques* est étonnamment maigre. Il se dit né en 1952 d'une mère *curandera* (guérisseuse), avec un grand-père *nagual* (chamane toltèque). Il aurait fait des études de médecine pour devenir chirurgien. Et, au cours d'un grave accident de voiture dans les années soixante-dix, il aurait vécu une expérience de mort éminente (*Near Death Experience*), qui l'aurait mené à tout lâcher et à renouer avec le savoir de ses ancêtres. Depuis, il se consacre à la transmission de cette expérience en écrivant des livres – plusieurs millions d'exemplaires vendus dans le monde entier –, en donnant des conférences et en animant des ateliers, etc. En 2002, il survit à une attaque cardiaque et transmet le relais à son fils, José Luis Ruiz.

On ne sait pas s'il a fini ses études, ni où il a vécu, travaillé, ce qu'il a fait exactement dans la première partie de sa vie, ni comment il est devenu chamane, où, avec qui... À l'heure de la transparence, des réseaux sociaux, quand presque tout le monde enquête, et révèle, sur presque tout, si peu d'informations laissent perplexe. Cela dit, ce n'est pas tant l'homme qui nous intéresse ici que ce qu'il nous raconte.

Y a-t-il une sagesse toltèque dont peut se réclamer Miguel Ruiz ?

Peut-être. Tous les peuples du monde ont eu leurs maîtres à penser. Et puis, le bon sens populaire, c'est aussi de la sagesse. Pour autant, on ne sait pas si les fameux accords toltèques existent quelque part, gravés dans la pierre ou le parchemin. Il faut dès lors faire confiance à Miguel Ruiz (même si ce n'est pas bien de supposer, en vertu du troisième accord) et imaginer que ces accords se sont transmis par voie orale.

Cela dit, Miguel Ruiz a une vision très particulière des Toltèques, assez proche de l'image d'Épinal. À le lire, les Toltèques, présents dans le Sud du Mexique, étaient reconnus dans la société comme un peuple sage, ayant une position sacrée, semblable à celle des lamas du Tibet. Suite aux retournements de l'Histoire, ils ont dû pendant un temps cacher leur sagesse, en attendant une époque plus favorable pour la faire redécouvrir.

Évidemment, aucun historien actuel ne souscrit à cette vision des choses. Les Toltèques étaient un peuple comme les autres, constitué de guerriers, d'artisans, de « prêtres » et de savants, mais aussi de bandits et d'assassins... Ils n'étaient pas plus des « *femmes et hommes de connaissance* » que ne l'est tout autre peuple, les Tibétains par exemple. Et, si tant est qu'il puisse y avoir une sagesse toltèque particulière, elle n'aurait pu être dissimulée durant des milliers d'années, puisqu'au mieux les Toltèques n'existaient pas avant le IXe siècle.

Cette vision idyllique des Toltèques est d'autant plus à prendre avec des pincettes que les Toltèques pratiquaient aussi des sacrifices humains de masse, tout comme les Aztèques ou les Incas qui leur ont succédé. On écorchait, égorgeait, décapitait allègrement hommes, femmes et enfants en l'honneur du dieu Quetzalcóatl, le fameux « serpent à plumes ». Le fleuve de sang était sans doute banal à l'époque, mais cela augure mal le message d'amour universel qui serait au cœur aujourd'hui des quatre accords toltèques.

Cela dit, il n'en reste pas moins que le chamanisme est une vieille sagesse des sociétés traditionnelles, qui existe dans le monde entier depuis des milliers d'années (les premières traces connues datent du Ve millénaire avant notre ère). Parties de la Sibérie, la pensée et les pratiques chamaniques se sont répandues chez de très nombreux peuples, en commençant en Extrême-Orient : le Tibet, la Chine, le Japon, la Corée, mais aussi en Afrique, en Australie et, via le détroit de Béring, en Amérique du Nord, puis du Sud.

Et les rituels chamaniques, bien que très différents selon les populations, sont rarement sanglants. Ils ont surtout une fonction spirituelle (communiquer avec les esprits de la nature, des animaux, des ancêtres...) et sociale (rituels initiatiques, de guérison, de « réaccordement » de la communauté...).

Les 7 idées clés

Dans son livre, Miguel Ruiz fait précéder les accords toltèques par un chapitre intitulé : « Le processus de domestication et le rêve de la planète ». Ce chapitre est essentiel parce qu'il explique le pourquoi du comment : les raisons qui l'ont amené à écrire ce livre, aussi bien que le constat dont il part, sa propre analyse, pour justifier les accords qu'il propose dans les chapitres suivants.

En voilà les idées clés et ce qu'on peut en penser.

Idée n° 1 : Nous rêvons tous vingt-quatre heures sur vingt-quatre

À l'instant présent, en lisant ce petit décodeur, vous pensez être éveillé, mais en fait vous rêvez. « *Rêver est la fonction principale de notre esprit qui fait cela vingt-quatre heures par jour. Il rêve lorsque le cerveau est éveillé et également lorsque ce dernier dort.* »

La seule différence entre les rêves de la nuit et ceux du jour, c'est que, durant l'état de veille, la réalité matérielle nous donne une impression de continuité, une impression de continuité que l'on n'a pas lorsqu'on rêve dans son sommeil.

Pourquoi rêvons-nous même quand nous sommes éveillés ? Pour Miguel Ruiz, les milliers de générations d'humains qui nous ont précédés « *ont créé un grand rêve extérieur que l'on appelle le rêve de la société*. Ce rêve nous serait inculqué à tous dès notre naissance. De quoi est-il constitué ? Selon Miguel Ruiz, il inclurait tout, les différentes religions comme les différentes cultures, les croyances comme les lois et les modes de vie, les gouvernements comme les écoles et même les jours fériés.

Bref, c'est l'ensemble des rêves de toute l'humanité passée, présente et future, au fond de toute la civilisation.

Que peut-on en penser ?

L'idée n'est pas nouvelle ! Depuis que le monde est monde, les humains ont fait le rapprochement entre rêve et réalité et se sont souvent demandé si la vie éveillée n'était pas une autre manière de rêver. On en trouve de nombreuses traces dans la philosophie et la littérature, avant comme après la naissance du Christ. Par exemple, on rapporte que Tchouang-tseu, un philosophe chinois du IVe siècle av. J.-C. s'endormit un jour dans un jardin et fit un rêve : « Il rêva qu'il était un papillon qui voletait çà et là dans le jardin, heureux et faisant ce qu'il lui plaisait. Au bout d'un moment, fatigué de voler, le papillon se pose sur une fleur et s'endort. Il fait un rêve. Il rêve qu'il est Zhuang Zi. Zhuang Zi soudain s'éveille. Il sait qu'il est, qu'il existe, sans aucune erreur possible. Mais il ne sait pas s'il est le vrai Zhuang Zi, ou s'il est le Zhuang Zi du rêve du papillon[4]. »

Tchouang-Tseu

Tchouang-Tseu est un penseur chinois du IVe siècle av. J.-C. (décédé en – 315). On lui attribue la paternité d'un texte fondateur du taoïsme (l'ancêtre de la philosophie zen), appelé par son nom, le *zhuangzi* (Tchouang-Tseu en chinois). Gagnant sa vie comme fonctionnaire d'une manufacture de laque, Tchouang-tseu a toujours rejeté toute fonction que lui offraient les princes de son temps (il aurait, par exemple, refusé le poste de Premier ministre que lui proposait le roi Wei). Il a terminé sa vie complètement retiré du monde, menant une existence nomade et simple.

Plus proche de nous, dans *La Tempête*, Shakespeare fait dire à Prospero, le duc de Milan exilé par son frère : « Nous sommes de l'étoffe dont sont faits les rêves, et notre petite vie est entourée de sommeil. » Et, dans *La vie est un songe*, une pièce de théâtre espagnole créée

4. *Le Rêve du papillon - Tchouang-Tseu*, Albin Michel, 2008.

en 1635, l'auteur, Calderón, s'interroge sur le lien entre illusion et réalité.

Donc, rien de neuf sous le soleil. Miguel Ruiz reprend une vielle idée qu'avait bien mieux formulé Tchouang-Tseu 2500 ans plus tôt : « Nous rêvons que nous festoyons ; l'aube venue, nous pleurons. Au soir, nous pleurons, le lendemain matin, nous partons à la chasse. Pendant que nous rêvons nous ne savons pas que c'est un rêve. Dans notre rêve nous expliquons un autre rêve, et ce n'est qu'au réveil que nous savons que c'était un rêve. Et ce ne sera qu'au moment du grand réveil que nous saurons que c'était un grand rêve. Il n'y a que les sots qui se croient éveillés, ils en sont même parfaitement certains. Princes, bergers, tous uns dans cette même certitude ! Confucius et vous ne faites que rêver ; et moi qui dis que vous rêvez, je suis aussi en rêve. »

La notion même d'un « rêve collectif » n'est pas en soi nouvelle. Jung, un psychiatre suisse, l'a précédemment développée sous le terme d'« inconscient collectif ». L'inconscient collectif, explique-t-il, « ne découle pas du vécu personnel, n'est pas une acquisition personnelle, mais est inné [...] universel [...] plus ou moins le même partout et chez tous les individus ».

Sommes-nous éveillés, rêvons-nous que nous le sommes ? On ne peut pas en décider. À chacun son avis selon sa culture, ses croyances, sa petite philosophie de la vie !

Carl Gustav Jung

Issu d'une famille protestante, Carl Gustav Jung (Keswill, 1875 – Küsnacht, 1961) étudie la médecine et la psychiatrie à l'université de Bâle. En 1900, il devient assistant à l'hôpital psychiatrique de Zurich. Présenté à Freud en 1907, il est rapidement considéré par ce dernier comme son successeur. L'histoire raconte qu'après leur rencontre, Freud a annulé tous ses rendez-vous pour la journée, et qu'ils ont parlé treize heures d'affilée. Mais, assez rapidement, les deux hommes divergent et la rupture est consommée en 1912. Jung s'oppose au « tout sexuel » de Freud et affirme l'existence de deux formes d'inconscient : l'un, personnel, l'autre collectif, comme une immense mémoire de l'humanité dont nous serions tous imprégnés.

Où ça ne va pas ?

Il est possible que nous rêvions en permanence, il est certain qu'il y a de l'universel, quelque chose qui dépasse toutes nos petites vies individuelles.

On voit bien que l'amour et la haine, la gentillesse et la méchanceté, la liberté et l'oppression, etc. sont des faits communs et partagés depuis toujours aux quatre coins du monde : nous sommes l'humain.

Pour autant, faut-il n'y voir qu'un conditionnement négatif ? Notre vie ne serait-elle qu'une prison ? Où sont l'espérance, la créativité, le désir ? Ce qui fait l'humain, c'est justement l'extraordinaire plasticité de notre cerveau et notre capacité à changer la vie parce que nous rêvons tous d'un monde meilleur.

Idée n° 2 : Nous sommes domestiqués comme des animaux dès notre naissance

Dès la toute petite enfance, les adultes nous apprennent comment rêver : ils nous conditionnent à faire le même rêve qu'eux.

Nous serions formatés du tout au tout par nos parents, nos profs, les médias, etc. Si l'on en croit Miguel Ruiz, on ne choisit rien, ni sa langue, ni sa religion, pas plus que son nom ou ses valeurs morales. Autrement dit, nous avons donné notre accord au « *rêve de la planète* », un peu comme on signe un chèque en blanc : sans savoir.

Nous aurions si bien intégré ses règles qu'aujourd'hui toutes nos croyances et tous nos jugements, le bien et le mal, le vrai et le faux, etc. s'opéreraient « à l'insu de notre plein gré », comme disait un célèbre cycliste pris la main dans le sac du dopage. Et cela ferait de nous, selon Miguel Ruiz, des êtres domestiqués. Car si on l'en croit, nous ne pouvons même pas nous rebeller dans la mesure où n'ayant pas choisi nos croyances, nous n'aurions pas la capacité d'en changer.

Sans même se demander pourquoi dans de telles conditions, nous n'avons pas tous les mêmes croyances et les mêmes jugements, on voit là toutes les limites du discours…

Pire, au bout d'un moment, nous en venons tous à nous soumettre bien volontiers, sans que plus personne nous y force, à tout ce qui nous contraint : « *Nous sommes si bien dressés que nous devenons nos propres dresseurs. Nous sommes des animaux autodomestiqués.* »

Comment s'opère la domestication ?

Selon Miguel Ruiz, la domestication s'effectue grâce aux techniques de dressage habituelles, le système bien connu punition/récompense.

Nous nous contenterions d'élever nos enfants comme des animaux : « *nous formons nos enfants, que nous aimons tant, exactement comme on dresserait un animal domestique : par un système de punitions et de récompenses.* »

Nous sommes ainsi punis chaque fois que nous enfreignons les règles et récompensés chaque fois que nous leur obéissons.

C'est à se demander pourquoi il y a tant d'enfants désobéissants et d'incivilité chez les adultes. Il faut croire que les animaux sont plus souples et font preuve de plus de raison et de bonne volonté que les humains.

Que peut-on en penser ?

Certes, il y a dans toute éducation une partie « dressage ». Apprendre à marcher, à parler, à être propre, cela ne se fait pas du jour au lendemain, cela suppose beaucoup de répétitions. Il est vrai qu'enfant, nous apprenons à obéir. *A priori*, nous partons du principe que nos parents, et plus tard nos maîtres à l'école, savent mieux que nous ce qui est bon pour nous. De toute façon, on ne peut pas faire autrement. On dépend d'eux pour avoir le ventre plein, les fesses au sec et des câlins.

Partant de là, l'obéissance n'est pas un mal en soi. C'est la reconnaissance d'une autorité légitime, fondée sur l'expérience, le savoir, les compétences. Elle permet de progresser individuellement en profitant des acquis des autres. Elle permet de s'intégrer plus ou moins harmonieusement au sein d'une hiérarchie, famille, école, société.

Quand est-ce que ça dérape ? Quand l'obéissance devient soumission. C'est vrai aussi, la règle veut que, héritage de l'enfance, nous nous soumettions un peu trop facilement à l'autorité.

Le système punition/récompense a fait ses preuves, bien sûr. C'est la base de tous nos apprentissages, « dressages » diraient certains, parce que ce qui marche avec les petits humains marche aussi avec nombre d'animaux. Mais ce que ne voit pas Miguel Ruiz, c'est qu'un enfant peut prendre plaisir à cet apprentissage. Quand on apprend à un enfant à marcher ou à lire, par exemple, on voit bien qu'il est *content de lui-même* quand il fait des progrès. Et que sa joie ne dépend pas des sourires d'encouragement qu'on peut lui prodiguer.

Ce que Miguel Ruiz ne voit pas non plus, c'est que tous les parents, à moins d'être tortionnaires, ne punissent pas leurs enfants quand ils n'arrivent pas à bien faire les choses. Les bons parents, comme les bons dresseurs, sont patients.

Alors, oui, on ne peut éduquer sans se faire obéir, qu'il s'agisse d'apprendre à s'occuper de soi, de se laver les dents tous les jours ; cela est valable pour toutes les règles de la vie commune, à la maison ou à l'école. Mais, *a priori*, les punitions comme les récompenses restent exceptionnelles : on ne donne pas un morceau de sucre ou une claque à un enfant chaque fois qu'il fait bien ou mal.

Idée n° 3 : Les règles qui nous ont été inculquées forment un *Livre de la Loi* implacable

Sortis de l'enfance, nous continuerions à appliquer le système punition/récompense. On se punirait chaque fois que nous ne respectons pas les règles (allez dire ça un automobiliste qui brûle un feu rouge). Et on se récompenserait chaque fois qu'on se comporterait bien.

Au fond, nous serions ainsi tous emprisonnés dans un système de croyances qui dicterait toutes nos pensées et nos actes. Pour Miguel Ruiz, « *Même des lois morales telles que les Dix Commandements sont inscrites dans notre psychisme au cours du processus de domestication.* » Et cela ne nous laisserait pas d'autre possibilité qu'être *Juge* ou *Victime.*

Notre Juge intérieur, nous dit Miguel Ruiz, examine sans cesse « *tout ce que nous faisons et ne faisons pas, tout ce que nous pensons et ne pensons pas, tout ce que nous ressentons et ne ressentons pas* » et nous déclare coupable chaque fois que cela n'est pas conforme au *Livre de la Loi.*

Pour Miguel Ruiz, la Victime qui est en nous « *subit la réprimande, la culpabilité et la honte* ». Et elle consent toujours, ajoute-il, aux jugements du Juge en les reprenant à son compte : « Je suis bête », « Je suis égoïste/moche/nul ».

La Victime trouve aussi normal d'être punie. Le problème, ici, c'est que notre Juge interne est non seulement tyrannique, mais aussi injuste : il ne punit pas une seule fois pour chaque erreur, mais des milliers. Car « *chaque fois que nous y repensons* [à notre erreur], *nous nous jugeons à nouveau, puis encore une fois, et ainsi de suite.* » L'oublie-t-on que notre entourage nous encourage d'ailleurs à le faire en nous rappelant notre erreur, enclenchant un nouveau jugement et une nouvelle punition.

Que peut-on en penser ?

Il est vrai que nous avons tous intériorisé, en fonction de notre culture, de nos croyances, de nos valeurs et de notre éducation, un certain nombre d'interdits qui guident nos pensées et nos actes. C'est ce que Freud appelait le Surmoi, en gros une sorte de « préservatif » du Moi, qui nous empêche en principe, sans qu'on ait même à y penser, à faire de trop grosses bêtises qui nous mèneraient droit en prison, à la déchéance sociale ou physique ou à la ruine économique.

Avec un Surmoi trop faible, il n'y a pas ou trop peu de contrôle des pulsions, ni de sens moral. Donc, c'est plutôt une bonne chose qu'il y ait un *Livre de la Loi* gravé dans nos neurones. Sans cela nous serions seulement menés par nos instincts. On passerait notre temps à transgresser les règles et à prendre des risques dommageables pour l'intégrité de notre Moi.

Alors, bien sûr, notre Surmoi est souvent tatillon, parfois même carrément tyrannique. On n'ose pas, on n'ose plus, ni le désir ou le changement ni l'amour ou le plaisir, par peur de l'erreur ou de la faute. On devient parfois prisonnier de ses propres contraintes. Mais de là à croire que le « *Livre de la Loi est faux* », que « *le rêve tout entier se fonde sur une loi fausse* », et que « *quatre-vingt-quinze pour cent des croyances que nous avons gravées dans notre mémoire ne sont que des mensonges, et* [que] *nous souffrons de croire ces mensonges* », il y a un pas que je trouve difficile à franchir.

Prenons seulement les Dix Commandements. C'est peu, dix commandements, mais cela représente sûrement plus de cinq pour cent des croyances qui nous gouvernent. Avec eux, le monde est déjà une petite horreur ; sans eux, on imagine mal ce qu'il pourrait devenir.

Prenons tout de même aussi la gentillesse. Ce n'est pas un commandement, mais une vertu, au même titre que la politesse, la fidélité, la prudence, la tempérance, le courage, la générosité ou encore l'amour. En 1989, une étude menée auprès de dix mille personnes appartenant à trente-sept groupes humains vivant sur les six continents a montré que la gentillesse faisait l'unanimité quand il s'agissait d'imaginer le partenaire idéal.

On voit bien que notre système de croyances n'est pas aussi faux que cela.

En revanche, Miguel Ruiz me semble avoir raison sur un point : par le biais de la culpabilité, nous avons tendance à nous punir plus de mille fois qu'une pour nos erreurs passées. Et parfois même pour des erreurs que nous n'avons pas commises, mais qu'on a cru commettre. C'est pour cette raison qu'aujourd'hui, de nombreux psychologues, par exemple Albert Ellis[5], qui est plus influent aux États-Unis que Freud, recommandent de *s'accepter inconditionnellement*.

Là, il est question d'arrêter de se juger. Au lieu de se demander : « Est-ce que je fais bien ou mal ? », on se demande plutôt : « Est-ce que c'est bon pour moi et juste vis-à-vis des autres ? » Et de ne pas jeter bébé avec l'eau du bain. On fait tous des erreurs, même avec les meilleures intentions. Dans ce cas, rien ne sert de s'autoflageller, ce n'est ni bon pour soi ni pour les autres. Il est toujours préférable de corriger le tir et de tourner la page.

Idée n° 4 : Le rêve de la planète est « un rêve de violence, de peur, de guerre, un rêve d'injustice »

Partant du fait que le monde offre son content d'horreurs endémiques, les famines, les épidémies, les guerres, la corruption, etc., Miguel Ruiz affirme que le « *rêve de la planète* », celui dans lequel nous sommes tous plongés, est un bon aperçu de l'Enfer : où que nous regardions tout ne serait que douleur, violence et injustice.

5. Ellis A., *The Myth of Self-Esteem*, Prometheus books, 2005.

Bref, selon Ruiz, l'Enfer n'est pas une promesse que l'on fait aux méchants, mais il est déjà là tout autour de nous, y compris pour les innocents. Ce qui expliquerait, selon lui, le sentiment de peur éprouvé par tout le monde d'un bout à l'autre de la planète. Tous les rêves que nous faisons à titre personnel ou collectif seraient ainsi régi par le peur : « *On apprend à rêver l'enfer dans sa propre existence, dans son rêve personnel.* »

Les rêves personnels des uns ou des autres seraient ainsi plus ou moins, mais souvent plus que moins, de la même étoffe que les cauchemars. Ce serait ainsi donc la peur, plutôt que la morale, qui guiderait tous nos actes.

Que peut-on en penser ?

Il est vrai que quand on fait l'état des lieux, un tiers de l'humanité vit et meurt dans des conditions épouvantables, un deuxième tiers dans des conditions à peine supportables et le troisième dans des conditions plus ou moins acceptables, il n'y a pas de quoi sautiller de joie. Mais bon, l'idée n'est pas neuve, elle provient même au départ du bouddhisme : la vie est souffrance. D'où l'idée des bouddhistes de ne pas en rajouter. La maladie, la vieillesse et la mort sont en soi déjà suffisamment pénibles pour ne pas les charger en plus des huit servitudes que sont les tourments de la cupidité, de la guerre, de l'esclavage (salarié ou pas), de la faim, de la soif, de la chaleur, du froid et de l'intolérance, et de faire preuve de compassion…

Reste que Miguel Ruiz voit les choses d'une manière un peu trop monolithique. On sait bien depuis toujours que les choses ne sont pas aussi simples, qu'elles vont toujours par deux, dans la plupart des religions du monde comme dans les univers philosophiques et scientifiques : la lumière et l'obscurité, le bien et le mal, l'entropie (le désordre accru) et la néguentropie (l'ordre), etc.

Pour revenir à Freud, on sait bien depuis que deux tendances biologiques s'opposent dans les organismes vivants, l'homme y compris. Une pulsion de vie (Éros) qui les pousse à se reproduire, à se lier, à s'unir pour former une société et une pulsion de mort (Thanatos) qui les pousse à se détruire, à tendre vers le néant.

Autrement dit, dans le « *rêve de la planète* », aussi cauchemardesque qu'il puisse être, il y a aussi des forces de vie très puissantes en œuvre. Par exemple, les vertus que je citais plus haut.

La preuve ? Même si l'on peut douter que l'esprit humain ait fait quelques progrès depuis, disons, l'Antiquité, on ne peut nier que cela va tout de même mieux. Il faut être très ignorant de l'histoire pour imaginer qu'aujourd'hui, il fait moins bon vivre qu'au XXe siècle, sans même parler du Moyen Âge. L'insécurité due à la folie des hommes ou de la nature a nettement diminué. On ne compte plus les morts causées par les uns ou l'autre par centaines de millions.

Oui, nous ressentons tous « *de la colère, de la jalousie, de la haine, de l'envie* », et d'autres émotions négatives, mais nous ressentons aussi de la joie, de la bienveillance, de l'amour, de la générosité, et tant d'autres émotions positives.

Bouddha

Aussi appelé Shakyamuni (le Sage du clan des Sakya) ou Siddhārtha (celui qui a atteint son objectif), Bouddha (624 av. J.-C. – 544 av. J.-C.) est né près de la frontière indo-népalaise. Issu de la noblesse indienne, il reçoit une éducation guerrière, mais il étudie aussi les lettres, les sciences, les langues et s'initie à la philosophie hindoue auprès d'un brahmane. Fils de roi, marié à une princesse, Gautama vit dans une prison dorée. Son père lui cache le monde extérieur pour le préserver de sa dureté. Un jour,

Bouddha *(suite)*

il s'échappe du palais et fait quatre rencontres décisives : un vieillard, un malade grabataire, un cadavre et un religieux mendiant. Du coup, il renonce à tout (père, femme, enfant, luxe…) pour trouver une réponse à la souffrance. Commence une vie de sept années dans l'errance, l'ascèse et le jeûne. Un jour, en méditant sous un arbre, il a une révélation (l'Illumination) et devient le Bouddha, c'est-à-dire « l'Illuminé » ou encore « l'Éveillé ».

Idée n° 5 : Nos croyances nous condamnent à souffrir

Toutes nos croyances sont fausses, aussi bien celles qui nous touchent personnellement – l'idée que l'on a de soi – que celles qui concernent les autres – l'idée que l'on a de sa famille, son conjoint, ses enfants, ses amis, etc.

Pour Miguel Ruiz, tout ce que l'on croit forme de fait un grand brouillard, que les Toltèques appelleraient *mitote*, l'équivalent du *māyā* en Inde. À cause de ce brouillard, nous serions de fait tous incapables de voir la vérité, la justice et la beauté. Nous les recherchons sans cesse mais ne les trouvons jamais. Pour Miguel Ruiz, si nous cherchons sans cesse la vérité, c'est parce que « *nous ne croyons qu'aux mensonges gravés dans notre esprit »*. De la même manière que « *Nous recherchons la justice parce qu'il n'y en a pas dans notre système de croyance.* » Ou encore, « *Nous recherchons la beauté parce que, peu importe le degré de beauté d'une personne, nous ne croyons pas qu'elle soit belle.* »

À cause de ce brouillard aussi, nous n'aurions selon Miguel Ruiz aucune idée de la personne que nous sommes vraiment. Et toutes nos relations manqueraient d'authenticité. Nous tricherions tous avec nous-mêmes ainsi qu'avec tout le monde pour nous faire aimer et accepter par les autres.

Autant dire que c'est plutôt mal parti !

Que peut-on en penser ?

À nouveau, l'idée n'est pas nouvelle. Comme le précise lui-même Miguel Ruiz, on la retrouve dans l'hindouisme. Mais également dans le bouddhisme et chez les Sikhs.

Venu du sanscrit, le terme *māyā* désigne l'illusion qui nous fait prendre le monde physique pour la réalité. Pour les Hindous, il faut s'en libérer pour échapper au cycle infini des réincarnations. Trois voies existent pour y parvenir : l'action (observation des rites et des devoirs religieux stricts), la connaissance (réflexion et méditation pour trouver le sens ultime de l'existence) ou la dévotion (adoration d'une divinité particulière).

Dans le bouddhisme, la réalité est cachée par le voile de l'ignorance (comme dans l'allégorie de la caverne de Platon). Quand on perce ce voile (éveil à la Vérité), on s'aperçoit que la vraie réalité est de l'ordre du vide. La vacuité est au cœur de tous les bouddhismes, indien, tibétain, japonais (zen), chinois, etc. Pour les Sikhs, la *māyā*, le monde tel qu'on le perçoit tous les jours, n'est pas plus tangible qu'un rêve.

En Occident, le fait que la réalité ne soit pas accessible est depuis bien longtemps connu. C'est, par exemple, le mythe de la déesse Isis. Plutarque, un historien de la Rome antique, rapporte que sa statue en Égypte comportait l'inscription suivante : « Je suis tout ce qui a été, ce qui est et qui sera, et mon voile, aucun mortel ne l'a encore soulevé. » C'est encore la fameuse allégorie de la caverne de Platon. Pour le philosophe, le Soleil est le symbole de la Vérité. Prisonnier dans une caverne, l'homme ne peut pas voir cette lumière. Retenu par des chaînes, ne pouvant même pas tourner la tête vers l'entrée de la caverne, il n'aperçoit que des ombres. Qu'est-ce qui l'enchaîne ? La passion. C'est elle qui, par le biais du corps et des sens, maintient son âme prisonnière dans l'obscurité. Et s'il tente de briser ses chaînes pour sortir de la caverne, il est aveuglé par la lumière, la Vérité.

Où ça ne va pas ?

La réalité est inaccessible, soit ! Tout le monde est d'accord là-dessus. Les philosophes, Platon, mais aussi Schopenhauer, comme les scientifiques. Aujourd'hui, dès qu'il est question de physique des particules, on sait très bien qu'on ne peut être sûr de rien. Comme l'écrivait Schopenhauer, nous n'avons que « l'entière certitude de ne connaître ni un soleil, ni une terre, mais seulement un œil qui voit ce soleil, une main qui touche cette terre »[6].

Pour autant, l'illusion dans laquelle nous vivons est aussi une réalité tangible. J'ai beau savoir qu'un mur, c'est juste 99,9999 % de vide et le reste quelques atomes de matière, si je me jette dessus, je me fracasse la tête.

On peut rêver sortir de cette « illusion », mais tant que nous y sommes plongés, nous sommes bien obligés d'en tenir compte.

6. *Le Monde comme Volonté et comme Représentation*, PUF, Paris, 1966.

Et même s'il y a illusion, j'en suis le premier persuadé, cela ne signifie pas pour autant que tout ce que nous vivons, nos espoirs, nos sentiments, nos craintes, est faux. Ici, Miguel Ruiz s'égare. De la même manière qu'il a tort de penser que « nous ne croyons qu'aux mensonges gravés dans notre esprit » ou encore qu'il n'y a pas de justice dans notre système de croyances alors que le désir de justice est partout présent dans les religions du monde ou les lois d'un État comme dans les révoltes sociales ou les printemps arabes. Ce désir est bien souvent dévoyé, mais cela ne l'a jamais tué.

Arthur Schopenhauer

Destiné par son père à l'import-export, le jeune Arthur (Dantzig, Prusse 1788 – Francfort-sur-le-Main, 1860) voyage beaucoup dans son enfance, apprend les langues (il parle couramment le français et l'anglais) et fait des études commerciales qui l'ennuient prodigieusement. À 18 ans, la mort de son père tombé d'un toit le libère de ses obligations. Il peut enfin se livrer à ses passions : l'étude du grec, du latin, de la littérature antique (Aristophane, Horace, Pétrarque...), des philosophes (Platon, Aristote, Spinoza, Kant...). À 25 ans, sa formation initiale étant achevée, il s'occupe de sa thèse de doctorat, discute des couleurs avec Goethe et découvre la philosophie hindoue qui influencera tout son travail par la suite.

Arthur Schopenhauer (suite)

En 1819, il est nommé chargé de cours à l'université de Berlin, là même où enseigne Hegel, le plus grand philosophe de l'Allemagne du XIXe, et démissionne au bout de six mois faute d'étudiants. Très critique envers Hegel, LE philosophe de l'époque, Schopenhauer avait choisi de faire cours à la même heure que lui, ceci explique sans doute cela.

La même année, il publie son plus grand livre, *Le Monde comme volonté et comme représentation* : gros flop et d'estime et de librairie. Ce qui l'aigrit beaucoup, d'autant que sa mère, Johanna, qui a ouvert un salon littéraire à Weimar (c'est là qu'il rencontre Goethe), est un auteur à succès, à vrai dire la plus célèbre d'Allemagne. Ce n'est que quarante ans plus tard que son travail sera enfin reconnu et reçu comme une œuvre majeure dans toute l'Europe. Affaibli par la maladie, Schopenhauer n'aura pas le temps de profiter de cette célébrité tardive ; il meurt d'une crise cardiaque à la suite d'une pneumonie, en laissant pour seul héritier Atma, son caniche.

Idée n° 6 : Nous sommes notre pire ennemi

Soucieux de donner une bonne image de soi aux autres, nous perdons de vue la personne que nous sommes vraiment et nous fabriquons une image idéale. « *Au cours du processus de domestication, on élabore une image de ce qu'est la perfection afin d'essayer d'être toujours comme il faut.* »

La perfection n'étant pas de ce monde – et puis c'est difficile d'être toujours au mieux de soi –, ça ne marche pas : il arrive assez fréquemment que nos actes ne soient pas à la hauteur de nos espoirs ou de l'image que l'on voudrait avoir (et donner) de soi. Ce qui donne lieu à une insatisfaction de soi pouvant aller jusqu'au rejet, à la haine de soi. En soi, ce n'est pas toujours faux, ce dégoût de soi-même serait généralisé : nous nous sentirions tous et tout le temps malhonnêtes et coupables de pas être à la hauteur de nos espérances.

Et les êtres humains passeraient leur temps à se punir et à se maltraiter en conséquence depuis notre plus jeune âge jusqu'au jour de notre mort « *à défaut d'être ce qu'ils croient devoir être.* »

On se maltraite même plus que les autres ne le font ou ne pourraient le faire. Nous acceptons de nous-mêmes des avalanches de critiques destructrices que nous ne tolérerions pas si elles venaient d'autrui.

Que peut-on en penser ?

Tout cela est vrai dans l'absolu. On dépense des milliards aujourd'hui pour avoir le *bon corps*, le *bon look*, de la sueur et des larmes pour donner la meilleure image de soi. On ne compte plus le nombre de plus ou moins psys en tout genre, gourous, coachs, etc., qui nous promettent des lendemains heureux, plus de succès dans ses affaires, dans sa vie amoureuse, etc., si l'on veut bien se donner la peine et les moyens (par ici la monnaie) de se plier aux modèles véhiculés par la pub et les médias.

Mais cela donne l'impression que Miguel Ruiz vit uniquement dans un univers masochiste. Il ignore purement et simplement toutes les révoltes personnelles ou collectives qui montrent depuis des siècles et des siècles que nous, humains, ne supportons pas d'être maltraités.

Bien sûr, on peut encaisser beaucoup, longtemps, certains baissent aussi les bras, mais les êtres humains dans leur ensemble aspirent toujours à plus de liberté, de bonheur et, plus simplement, de bien-être. Sans cela y aurait-il eu l'invention de la démocratie, l'abolition de l'esclavage, la révolution de 1789, les luttes sociales pour une vie plus décente et plus digne ?

Il est vrai que la tentation masochiste existe, certains font tout pour se gâcher la vie : ils préfèrent les méchants (tellement passionnants) aux gentils (tellement ennuyeux ou sans intérêt), ils choisissent des personnes et des situations qui n'amènent que déceptions, échecs ou mauvais traitements. Par exemple, une femme qui se lie systématiquement avec des hommes accros (alcool, drogue, travail...) ou émotionnellement bloqués (frigides affectifs, infidèles chroniques...). Ou un homme qui fuit sans même s'en rendre compte les femmes généreuses, perd son temps et sa vie qu'avec de très grandes égoïstes.

Mais nous ne pouvons en faire des généralités. Bien sûr, habité d'un fort sentiment de culpabilité, on peut être tenté de se faire humble pour racheter ses fautes, à nouveau bien voir de son patron, retrouver la sympathie d'un ami ou l'amour d'un partenaire. Ou encore, sous le coup de la passion, on peut parfois supporter plus qu'on ne le ferait habituellement. Mais de nombreux travaux à travers le monde montrent que le masochisme moral, n'est que le fait d'une minorité : l'être humain est fait pour fuir la souffrance.

Idée n° 7 : Il est possible de créer de beaux rêves

Ouf, enfin ! Après nous avoir expliqué que notre situation était désespérée, une vieille astuce fréquemment utilisée par la publicité, le marketing et la politique (on dramatise le problème pour mieux vendre la solution), Miguel Ruiz nous ouvre une porte de sortie : « *Si vous voulez connaître une existence faite de joie et de plénitude, il vous faut trouver le courage de rompre ceux de vos accords qui sont fondés sur la peur, et revendiquer votre pouvoir personnel.* »

Les premiers accords à rompre, les plus durs aussi, sont évidemment ceux que l'on a passés avec soi-même, parce qu'ils touchent profondément à notre identité, en tout cas à ce qu'on croit qu'elle est. Les accords avec Dieu, la société, ses parents, son conjoint, ses enfants, ses amis viennent ensuite.

Ici, la tâche est rude, parce que, *a priori*, notre pouvoir personnel est plus ou moins épuisé à respecter les accords qui nous « *maintiennent dans le rêve de la planète.* »

Mais chaque fois qu'on rompt un faux accord, on récupère heureusement du pouvoir, donc c'est le premier pas qui est le plus difficile. Il faut se tenir prêt.

Comment rompre avec nos couacs personnels ? À l'aide de quatre grands (et très puissants) accords toltèques, dans l'ordre : que votre parole soit impeccable, quoi qu'il arrive n'en faites pas une affaire personnelle, ne faites pas de supposition et faites toujours de votre mieux.

À quoi s'ajoute, mais cela fait l'objet d'un autre livre, un cinquième accord (*Le Cinquième Accord toltèque*) : soyez sceptique, mais apprenez à écouter.

Cela suppose bien sûr une volonté de fer, mais les bénéfices sont immenses : « *Au lieu de vivre dans le cauchemar de l'Enfer, vous créerez un nouveau rêve : votre rêve de paradis personnel.* »

Que peut-on en penser ?

Rompre avec ses mauvaises habitudes de pensée n'est jamais une mauvaise idée. Il est vrai que nombre de nos petits et grands malheurs sont dus au fait que notre esprit fonctionne, à l'état civilisé, de telle manière que souvent il nous induit en erreur. C'est ce qu'en psychologie, on appelle des « biais cognitifs » : des erreurs d'appréciation, de jugement, que nous commettons tous d'une manière assez systématique.

Par exemple, nous avons tous plus ou moins tendance à penser que ce qui est mal chez nous est largement partagé et que tout ce qu'on a de bien l'est beaucoup moins. On fume beaucoup trop, on brûle les feux rouges, on touche des pots de vins, etc., on croit que tout le monde en fait autant : c'est ce qu'on appelle le biais de « faux consensus ». En revanche, on excelle dans le poker ou le golf, le chant ou la guitare, on marche sur les eaux, on imagine que presque personne n'a le même talent : c'est le biais de « fausse unicité ». Regardez, par exemple, les candidats retenus de « The Voice » ou de « La Nouvelle Star » sont toujours très surpris de découvrir la qualité de leurs rivaux.

Ou encore, on a tous des opinions, des croyances, connu des expériences… Du coup, on a tous tendance à aller au plus court. On se fie à nos premières impressions, on réagit instinctivement à partir d'une référence au passé ou d'une information partielle. Parce que deux situations se ressemblent, on ne cherche pas plus loin (illusion du savoir), on ne tient pas compte de ce qui pourrait contredire nos idées, nos valeurs et nous mettre dans l'embarras, nous faire ressentir de la peur, de la culpabilité ou de la colère. Ou encore nous interprétons les choses d'une manière qui confirme nos préjugés, etc. On y reviendra plus loin quand il sera question du troisième accord.

Le problème est que ces biais cognitifs (on en dénombre des centaines !) qui tissent le voile de l'ignorance, le fameux brouillard, ne sont généralement pas conscients, ce qui les rend d'autant plus difficiles à remettre en question. Et plus encore à cause d'un phénomène très naturel, qui relève peut-être de notre passé animal : la résistance au changement.

Dans une situation qui n'est pas terrible, par exemple un mariage ou une collaboration bancale, on a presque tous tendance à se dire « c'est comme ça » et à en prendre notre parti, quitte à supporter notre lot de désagréments. C'est ce qu'on appelle le biais de *statu quo* : la nouveauté nous paraît souvent plus porteuse de risques que d'avantages possibles. Et, inconsciemment, nous avons tous tendance au conservatisme par peur de l'inconnu.

Cette résistance au changement est d'ailleurs l'une des causes, sinon la principale, de nos difficultés d'adaptation et, souvent, de nos échecs. C'est à cause d'elle qu'on se plante à titre personnel, que les entreprises ou les civilisations meurent. En revanche, en prenant systématiquement le parti du changement, on se donne une chance. Alors, pourquoi ne pas essayer ?

Le premier accord toltèque : « Que votre parole soit impeccable »

Pour Miguel Ruiz, le « *premier accord toltèque est le plus important et aussi le plus difficile à honorer* ». Et, de ce fait, le plus profitable en termes de bénéfices personnels : « *Il est si important qu'à lui seul il vous permettra de transcender votre vie actuelle pour parvenir à ce niveau que j'appelle le paradis sur Terre.* »

Le poids des mots

La parole vient donc en premier. Miguel Ruiz l'explique de deux façons.

La parole a un pouvoir créateur : « *La parole vous permet d'exprimer votre pouvoir créateur* [...] *Ce dont vous rêvez, ce que vous sentez et ce que vous êtes vraiment, tout cela se manifeste par la parole.* »

Miguel Ruiz en donne pour exemple le prologue de l'Évangile de l'apôtre Jean : « Au commencement était la parole, et la parole était avec Dieu, et la parole était Dieu. »

La parole est aussi une force, « *elle représente votre capacité à vous exprimer et à communiquer, à penser et donc à créer les événements de votre vie* ».

Pour preuve, seul l'homme est capable de parler : « *Quel autre animal sur Terre le peut-il ?* » Et la parole est son « *outil le plus puissant en tant qu'être humain ; c'est un instrument magique* ».

Autrement dit, le langage n'est pas juste une commodité pratique, genre « Je peux avoir une autre tranche de mammouth ? » ou « Passe-moi le sel ! » : il peut changer notre réalité personnelle, voire le monde.

Que peut-on en penser ?

Il est vrai, et ce n'est pas nouveau, que le langage est, sinon au début, en tout cas au centre de tout. L'homme est un être parlant et il n'y a pas d'intelligence sans langage.

Sans lui, en effet, toutes les autres capacités humaines, notamment la conscience, la créativité, la mémoire, ne peuvent s'appréhender, s'énoncer ou s'exercer.

On pourrait ergoter en disant que les autres animaux sont aussi capables de communication, les plantes même, *via* des sons ou des signaux visuels ou chimiques, mais ils n'écrivent pas de livres de philosophie, ils ne construisent pas de fusées pour aller sur la Lune et ils ne peignent pas pour autant la *Joconde*.

Il y a effectivement du magique dans la parole, les mots, sinon – ne serait-ce que pour cette raison – l'humanité se serait passée de littérature.

Cela dit, l'exemple de l'Évangile de l'apôtre Jean donné par Miguel Ruiz pour justifier le pouvoir créateur de la parole est un peu tiré par les cheveux.

Dans la tradition chrétienne, l'« Évangile selon Jean » est attribué à Jean, l'un des douze apôtres de Jésus et son contemporain. Mais pour les chercheurs modernes, il n'a en réalité pas d'auteur défini : il a sans doute été composé plus tardivement, à la fin du Iᵉʳ siècle, au sein d'une communauté chrétienne. Rédigé en grec, la traduction qui fait autorité aujourd'hui dit exactement : « Au commencement était le Verbe, et le Verbe était avec Dieu, et le Verbe était Dieu. » Car, dans le texte original, le mot utilisé est *logos* (λόγος). En grec, *logos* est un mot aux sens multiples. Au sens commun, il signifie « parole », « verbe », « raison », « sagesse », etc. Mais il signifie beaucoup plus : le *logos*, dans la pensée grecque et notamment dans la philosophie stoïcienne, c'est aussi la raison universelle, le Souverain Bien, et qui est confondu avec l'ordre du monde lui-même.

Miguel Ruiz joue en fait sur la confusion : il attribue à la parole, notre parole, un pouvoir qui est exclusivement celui du Verbe ou, si on veut le dire autrement, celui de la parole divine.

La parole est-elle vraiment un instrument magique ?

Instrument magique, la parole est une « *lame à double tranchant* ». Selon la façon dont elle est utilisée, nous dit Miguel Ruiz, elle « *peut créer les rêves les plus beaux ou tout détruire autour de vous* », elle « *peut vous libérer ou vous asservir plus que vous ne pouvez l'imaginer* ».

Pour appuyer son propos, Miguel Ruiz nous ressert l'antienne bien connue sur Hitler : son talent d'orateur, la puissance de sa parole, auraient convaincu tout un peuple, pourtant éminemment cultivé, de se jeter corps et âme dans le nazisme et la guerre à outrance.

Et, pour autre exemple, une déclaration très improbable (qui la ferait ?) que l'on pourrait faire à un ami : « *Tiens !*

La couleur de ton visage est celle des gens qui vont avoir le cancer. » Pour conclure : « *S'il écoute cette parole* [l'ami en question] *et s'il est d'accord avec, il aura un cancer dans moins d'un an. Telle est la puissance de la parole.* »

Pourquoi la parole est-elle si puissante ? Parce qu'elle serait, nous dit Miguel Ruiz, comme une graine qui viendrait ensemencer l'esprit humain. Jusque là, tout va bien, mais ajoute-t-il (visiblement, il suppose beaucoup lui aussi) que dans l'esprit humain les mauvaises herbes grandissent plus vite que les bonnes. Il serait tellement plus « *fertile pour les semences de la peur* » que pour celles de l'amour, que le moindre doute pourrait ainsi « *créer une succession dramatique d'événements.* » C'est tout de même une vision assez apocalyptique et désespérée du monde !

D'autant que, chaque mot pouvant être comme un sort, une malédiction, que nous ne nous priverions pas de jeter si l'on en croit Miguel Ruiz.

Ce n'est pas faux, mais pas tout à fait vrai non plus.

Reprenons l'exemple d'Hitler. La grande majorité des historiens reconnaît qu'il était remarquablement doué pour enflammer les foules. Pour autant, elle n'attribue pas les horreurs que nous avons connues à la seule puissance de sa parole. De l'avis général, l'histoire passée de l'Allemagne, les conséquences de sa défaite en 1918, la faiblesse de ses structures démocratiques, la crise économique des années trente, la pusillanimité de la France et l'Angleterre, etc., ont été des facteurs bien plus déterminants de la montée du nazisme et de la Seconde Guerre mondiale.

Alors oui, c'est vrai, la parole est une lame à double tranchant, on ne saurait nier son pouvoir, mais elle ne peut pas tout.

Et puis l'idée n'est pas franchement nouvelle.

Ésope (VII-VIe siècles av. J.-C.), un esclave phrygien ou thrace, on ne sait pas, en tout cas le premier des fabulistes, l'a dit il y a bien longtemps.

La Fontaine qui l'a abondamment pillé, lui a aussi rendu hommage, par exemple quand il dédie le premier tome de ses *Fables* à Louis de France, le fils de Louis XIV, en lui écrivant ceci :

> « Un certain jour de marché, Xantus, qui avait dessein de régaler quelques-uns de ses amis, lui commanda d'acheter ce qu'il y aurait de meilleur, et rien autre chose. "Je t'apprendrai, dit en soi-même le Phrygien, à spécifier ce que tu souhaites, sans t'en remettre à la discrétion d'un esclave." Il n'acheta donc que des langues, lesquelles il fit accommoder à toutes les sauces : l'entrée, le second, l'entremets, tout ne fut

que langues. Les conviés louèrent d'abord le choix de ce mets ; à la fin ils s'en dégoûtèrent.
"Ne t'ai-je pas commandé, dit Xantus, d'acheter ce qu'il y aurait de meilleur ?
– Eh ! Qu'y a-t-il de meilleur que la langue ? reprit Ésope. C'est le lien de la vie civile, la clé des sciences, l'organe de la vérité et de la raison : par elle on bâtit les villes et on les police ; on instruit, on persuade, on règne dans les assemblées, on s'acquitte du premier de tous les devoirs, qui est de louer les Dieux.
– Eh bien ! dit Xantus qui prétendait l'attraper, achète-moi demain ce qui est de pire : ces mêmes personnes viendront chez moi ; et je veux diversifier."
Le lendemain Ésope ne fit servir que le même mets, disant que la langue est la pire chose qui soit au monde : "C'est la mère de tous débats, la nourrice des procès, la source des divisions et des guerres. Si on dit qu'elle est l'organe de la vérité, c'est aussi celui de l'erreur, et, qui pis est, de la calomnie. Par elle on détruit les villes, on persuade de méchantes choses. Si d'un côté elle loue les Dieux, de l'autre elle profère des blasphèmes contre leur puissance." »

Nul doute donc que nos mots peuvent faire le mal comme le bien, et plus de mal que de bien tant on oublie souvent de tourner sept fois notre langue dans notre bouche avant de parler. Sans compter que l'Enfer est pavé de bonnes intentions et que nous sommes parfois aussi plutôt mal intentionnés, voire carrément des langues de vipères. Sauf que…

Miguel Ruiz a tort !

Bien sûr, nous sommes tous facilement manipulables.

Notre humanité nous rend automatiquement vulnérables à l'influence des autres. Même quand on est seul dans son coin, nous sommes néanmoins des êtres sociaux, dépendants du regard, de l'approbation (ou de la désapprobation) des autres. Il est vrai que la plupart des grandes institutions sociales : famille, école, entreprise, religion, nous incitent à la soumission. Elles jouent toutes sur notre désir biologique initial : être bien nourri, au chaud, en sécurité, et nous promettent le bonheur au prix de certaines conditions : adopter un profil bas.

Au fond, depuis l'aube des temps, le discours, plus ou moins implicite, est toujours le même : « Si tu fais ça (obéir, bien travailler, penser, parler, consommer, pareil que les autres…), tu seras protégé. »

La formule varie beaucoup selon les cultures religieuses ou laïques, le milieu social, mais elle est universelle. Et comme on a tous besoin d'amour, d'appartenir à une famille, une communauté, un groupe, il est souvent préférable (c'est plus facile et plus rassurant) de se soumettre que d'affirmer sa différence, son originalité. Car, dans le cas contraire, on risque d'être rejeté, de se retrouver seul, sans partenaire, amis, boulot, argent…

On a ainsi grandi avec des principes : devoir d'obéissance, respect de l'autorité, des normes, des usages… On a aussi reçu un certain type d'éducation, dans un milieu donné, et tout cela fait que les mots sont rarement neutres : ils ont souvent plus d'impact sur nous qu'on est capable de l'imaginer.

Alors, oui, il y a de la magie dans les mots, mais elle n'est pas forcément toute noire ou toute blanche. Cela dépend.

Dans certaines cultures, par exemple, on sait qu'un sort jeté est parfois suivi d'effets. Quand on croit aux pouvoirs de la sorcellerie, on en fait les frais. Pour autant, ce ne sont pas les mots du sorcier qui ont un pouvoir en soi, ce sont nos propres croyances qui leur en accordent. Oui, me direz-vous, mais nos croyances sont aussi des mots et Miguel Ruiz a donc raison ! Presque. Parce que, dans les cultures dont il est question, tous les sorts jetés ne sont pas suivis d'effets, c'est même l'exception (sinon ce serait l'hécatombe). On généralise à partir de quelques cas. C'est comme si, partant du fait qu'une minorité de Français est homosexuelle (2-3 % selon les estimations), on imaginait comme certains l'ont fait, que bientôt on serait envahi par les gays.

Autre contre-exemple : l'hypnose. On a bien vu qu'on peut contraindre les gens à faire toutes sortes de choses, même les plus ridicules, sous hypnose, en « endormant » leur conscience, sauf qu'on ne peut pas les obliger à se livrer à des actes que leur morale réprouve, comme trucider quelqu'un ou s'ouvrir les veines.

Alors, oui, la parole est puissante, mais elle ne peut pas tout, ni pour le meilleur ni pour le pire.

Qu'est-ce qu'une parole impeccable ?

Pour expliquer ce qu'est une parole impeccable, Miguel Ruiz a recours à l'étymologie : « *Le mot impeccable vient du latin* pecatus, *qui signifie "péché" et du radical –im–, qui signifie "sans" ; impeccable signifie donc "sans péché".* »

Plus exactement, « impeccable » vient du latin *impeccabilis*, de *in* négatif et *peccare*, pécher.

Mais Miguel Ruiz va plus loin quanc il affirme : « *Un péché est quelque chose que vous commettez contre vous-même.* »

Qu'en est-il vraiment ?

Au sens théologique du terme, « impeccable » signifie en effet être incapable, dépourvu de péché. Ce qui, dans le langage commun, se traduit par « incapable de faillir, de commettre une erreur ».

Mais de là à penser que chaque fois qu'on commet une erreur, on va contre soi-même, c'est aller un peu vite en besogne. Pour deux raisons.

D'abord, du fait que nous n'apprenons que de nos erreurs. Dès qu'il s'agit de quelque chose d'un peu compliqué, par exemple apprendre à marcher ou à aimer, qui peut imaginer réussir du premier coup ? Nos « péchés » ne sont donc pas des actes que l'on commet contre soi-même, en tout cas pas seulement. Bien sûr, ils nous égarent, nous détournent de nous-mêmes, voire nous éloignent de Dieu, mais ils peuvent avoir aussi des effets positifs, ne serait-ce qu'en nous enseignant des vertus comme la tolérance ou l'humilité.

Ensuite, il serait sans doute plus chrétien, en tout cas plus moral, de reconnaître qu'un péché est avant tout quelque chose que l'on commet contre l'autre ou les autres. Vous attaquez une vieille dame dans un parking pour lui voler son sac, cela peut se retourner contre vous, vous avez des remords ou vous passez par la case prison, mais, à moins de tout ramener à soi (une tendance très à la mode aujourd'hui), c'est quand même elle la victime.

Vu sous cet angle, on peut donc difficilement suivre Miguel Ruiz quand il avance : « *Être impeccable, c'est ne rien faire contre soi-même.* » À moins de supposer que nous soyons tous des Bisounours, dépourvus de pulsions, de désirs ou de pensées pas très nettes.

Miguel Ruiz a raison !

En revanche, Miguel Ruiz n'a pas tort quand il affirme : « *Lorsque vous êtes impeccable, vous assumez la responsabilité de vos actions, mais vous ne vous jugez pas, vous ne vous critiquez pas.* »

D'ailleurs, tout un courant de la psychologie positiviste va dans le même sens. De nombreux psys occidentaux dénoncent l'idéologie de l'estime de soi, liée au libéralisme et à la survalorisation de la performance individuelle, et ses ravages dans la population : malheureux sans malheur, insatisfaits en CDI, frustrés chroniques, etc.

Par exemple, Albert Ellis, un psychologue américain (il est plus influent là-bas que Freud), est opposé à toute évaluation interne de soi, qu'il estime névrotique. On réalise une bonne performance dans une situation donnée, on en tire une conclusion erronée : « J'ai obtenu un bon résultat, je prends de la valeur », ce qu'il appelle le « complexe de Jéhovah ». Mais il suffit d'une contre-performance dans le futur pour que le « complexe de Jéhovah » se transforme rapidement en « complexe du ver de terre ». L'alternative, selon Ellis[7] : l'acceptation inconditionnelle de soi (*Unconditional Self-Acceptance*), l'arrêt pur et simple de toute évaluation interne.

Du coup, on ne passe plus son temps à se comparer aux autres, à se juger inférieur ou supérieur. On n'évalue plus ses actions, en pensant : « Est-ce que je fais bien ou mal ? », mais : « Est-ce que mes actions sont bonnes, justes pour les autres ? » Et comme on ne se confond pas avec ses comportements (je peux faire quelque chose de stupide sans être stupide pour autant, ou inversement), il est plus facile de les corriger.

7. Ellis A., *The Myth of Self-Esteem*, Prometheus books, 2005.

Pouvons-nous avoir une parole impeccable ?

« *Le premier accord toltèque est* [...] *le plus difficile à honorer* », nous dit Miguel Ruiz, tant nous sommes habitués à faire un mauvais usage de la parole : « *On l'utilise pour médire, pour critiquer, pour culpabiliser, pour détruire.* »

Il donne de grandes indications – « *Nous avons appris le mensonge comme mode de communication avec les autres et surtout avec nous-mêmes* » – et des contre-exemples de ce qu'il ne faut pas faire, comme « répandre du poison personnel, pour exprimer la colère, la jalousie, l'envie et la haine ».

Tout cela est juste, mais cela reste au niveau des bonnes intentions. Mais dans la vie quotidienne, entraînés par nos (mauvaises) habitudes, dans le feu de l'action, sous le coup de l'émotion ou simplement à cause des mœurs de notre temps, de ce qu'on entend ou de ce qu'on lit ici ou là, à la télé, sur le Net, nous avons tous tendance à parler sans trop réfléchir.

Miguel Ruiz a raison de penser que l'on ne se soucie pas assez de l'effet et des conséquences de nos propos sur les autres.

Par exemple, nous trouvons normal d'exprimer nos antipathies. Quelqu'un ne nous plaît pas, l'ami d'un ami, un animateur télé, un chanteur, un homme politique, etc., nous ne nous privons pas de dire tout le mal que nous pensons de lui et, souvent, en des termes très offensants. Bien sûr, la plupart du temps, l'autre n'étant pas là pour les entendre, on pourrait dire qu'il n'y a pas mal à s'exprimer, que ça fait du bien de se lâcher.

Sauf que notre attention est ainsi faite que nous sommes tous plus sensibles, plus intéressés et plus captivés par le négatif. Les médias le savent bien : ce n'est pas les bonnes nouvelles qui font vendre, mais les catastrophes.

De fait, sans même en avoir conscience, nous passons plus de temps à dénoncer les travers des uns et des autres, qu'à les louer pour leurs mérites ou leurs succès.

Avoir une parole impeccable n'a donc rien d'évident, cela ne va pas de soi quand on le voudrait.

Miguel Ruiz ne nous dit pas vraiment comment nous y prendre, mais la meilleure chose à faire consiste sans doute d'abord à s'abstenir autant que possible de dire du mal des autres.

Pourquoi s'abstenir de dire de mal des autres ?

Le minimum syndical quand on veut avoir une parole impeccable, c'est de respecter le huitième commandement de la version actuelle du Vatican (à noter : la Bible ne parle pas de « Dix Commandements » mais de « Dix Paroles ») : « La médisance bannira et le mensonge également. »

Dieu sait que ça n'est pas facile tant la médisance est un sport à la mode et, comme le dit si bien Miguel Ruiz, « *est devenue la principale forme de communication de la société humaine* » ! Selon lui, c'est l'effet boule de neige : « *Enfants, nous avons entendu les médisances permanentes des adultes autour de nous* [...] *Ils avaient même des opinions sur des personnes qu'ils ne connaissaient pas. Celles-ci s'accompagnaient de poison émotionnel, et nous avons appris que c'était là la manière normale de communiquer.* »

Et puis, ajoute-t-il, ce qui n'est pas faux, on se sent souvent un peu mieux dans sa peau quand on voit quelqu'un se sentir aussi mal que soi.

Ce n'est pas faux. De nombreuses études ont montré que le malheur des autres avait souvent quelque chose de réjouissant. Il y a même un mot pour le dire en allemand : *Schadenfreude*, se réjouir du malheur des autres (de *shaden*, « dommage » et *freunde*, « joie »).

Les ragots nourrissent, hélas, l'amitié !

Vous voulez vous faire de nouveaux amis, resserrer les liens avec une vieille copine ? Rien de mieux qu'une bonne séance de ragots à la machine à café ou au bistrot. C'est la conclusion d'une étude menée par Jennifer K. Bosson, psychologue de l'université de l'Oklahoma qui a étudié le rôle social des ragots dans la construction des relations. Elle a montré que, quand on partage les mêmes sentiments négatifs pour un tiers absent, ça favorise les rapprochements spontanés. On se sent plus complice (le vieux principe : les ennemis de nos ennemis…), ou plus vite quand on rencontre quelqu'un pour la première fois. Et d'enfoncer le clou : si les médisances sont, d'ailleurs, si répandues dans les relations amicales où il est de rigueur de casser du sucre sur le dos des tiers, ce n'est certainement pas sans raison…

Source : *Personal Relationships*

Le spectacle du malheur des grands de ce monde, les DSK, les Cahuzac, doperait terriblement nos hormones du plaisir, au même titre que le rire, le sexe ou certaines drogues. Et même les déconfitures de nos proches et de nos amis ne seraient pas sans nous procurer de petites joies inavouables. Autant donc de raisons d'éviter les médisances, même, et surtout, quand on a de bonnes raisons de le faire, par exemple quand un collègue langue de vipère se fait virer ou quand l'ex qui vous a jeté va pointer à Pôle Emploi…

Et d'éviter les propos malveillants ?

Un mot sur le mensonge. *A priori*, le huitième commandement devrait nous interdire de mentir. Tout comme l'impératif moral de Miguel Ruiz : « *D'un côté de l'épée se trouvent les mensonges qui créent de la magie noire, de l'autre la vérité qui a le pouvoir de rompre les sorts. Seule la vérité vous affranchira.* »

Mais s'il est vrai que certains mensonges ont parfois des effets dévastateurs dans les couples, les familles, les amitiés, toute vérité n'est pas bonne à dire : il y a aussi de pieux mensonges.

On ne dit pas à sa copine qu'elle a pris des fesses quand elle pose la question, à ses parents qu'ils sont « relous » ou à son patron qu'il est voyou. Pas plus à un nazi qui frappe à la porte que la petite Juive est cachée dans le placard là-haut.

Partons plutôt du principe que le commandement qui prévaut là est plutôt le neuvième de la tradition juive : « Tu ne feras pas de faux témoignage », et contentons-nous de bannir tout ce qui ressemble de près ou de loin à la dénonciation, la diffamation, la calomnie.

Notre cerveau est-il moral ?

C'est bien possible. Mark Cohen et Sam Harris, de l'université de Californie à Los Angeles, ont photographié le cerveau lorsqu'il est confronté à des propositions vraies (« Le Soleil se lève à l'est ») et fausses (« Naples est la capitale de l'Italie »). Résultat : lorsqu'une proposition nous semble exacte, la région associée à la beauté s'active; lorsque nous estimons qu'elle est inexacte, alors c'est la structure du dégoût qui s'allume. Vérité rimerait donc avec beauté et mensonge avec rejet. Ce qui expliquerait qu'on est toujours mal à l'aise lorsqu'on profère un petit ou un gros mensonge, quand bien même il est très pieux.
Source : *Mondeo Publishing*

Comme dit Mark Twain dans *Le Calendrier de Pudd'nhead Wilson*[8] : « La vérité est la chose la plus précieuse que nous ayons. Économisons-la. » Autrement dit, ne mentez pas quand rien ne vous y oblige.

8. Twain M., *The Tragedy of Pudd'nhead Wilson*, CreateSpace Independent Publishing Platform, 2013.

Tourner sept fois sa langue dans sa bouche... ou pas !

Dans la vie, nos propos ont souvent des effets inattendus. Miguel Ruiz donne l'exemple bien connu de la mère qui rentre chez elle hyper stressée après une mauvaise journée de travail. Sa petite fille s'amuse comme une folle, à grands bruits et évidemment, au bout d'un moment, la maman craque : « *Tais-toi ! Tu as une voix horrible. Peux-tu simplement te taire ?* »

Pour Miguel Ruiz, ce mini événement serait en soi catastrophique pour le développement harmonieux de l'enfant : « *Tout changea dans la vie de cette petite fille à cause de ce nouvel accord : elle crut qu'elle devait réprimer ses émotions afin d'être acceptée et aimée.* »

Mais c'est oublier que ce genre de scène est très fréquent dans les familles et cela ne fait pas de tous les enfants de grands traumatisés.

Je peux donner un autre exemple, celui du père qui dit à sa fille qu'elle ne sera jamais aussi belle que sa mère. Cela part peut-être d'une bonne intention, un compliment pour la mère, mais l'effet est dévastateur.

Les enfants font parfois, pour ne pas dire fréquemment, tout un fromage d'une parole malheureuse. C'est bien normal, ils n'ont pas toutes les données, ils sont vulnérables.

Mais les mots ont parfois un impact négatif sur les adultes aussi. Je me souviens avoir entendu un jour quelqu'un dire sous forme de boutade : « Ah, ce que les enfants peuvent être pénibles parfois, on devrait les noyer à la naissance ! » Il avait malheureusement oublié que son interlocuteur avait perdu les siens dans un accident de voiture.

Alors, en effet, on ne peut pas tout sentir, tout prévoir, tout éviter, d'autant que certains mots, tout à fait anodins pour nous, sont très chargés émotionnellement pour d'autres et lourds de conséquences. Mais on peut tout de même réduire les risques, ne serait-ce qu'en réfléchissant un tant soit peu (« qui est en face de moi ? ») avant de parler pour ne pas blesser inutilement les gens.

« Non, mais, allô quoi ! »

Curieusement, Miguel Ruiz ne parle pas d'insultes.

Inspiré par les passions qu'il dénonce, « *la colère, la jalousie, l'envie et la haine* », le poison des insultes est pourtant des plus violents.

Pourtant, les insultes sont aujourd'hui passées dans le langage courant, au même titre que « Qu'est-ce qu'on mange ? » ou « Non, mais, Allô quoi ! »

Les insultes se sont banalisées dans les cours d'école. Les ados, pour ne pas dire les gamins, trouvent normal de se traiter d'« enculé » ou de « sale pute » (c'est même parfois, disent-ils, affectueux). Dans les couples aussi, où la moindre prise de bec s'agrémente souvent de « gros connard » ou de « salope ».

Nombre de nos députés se répandent en noms d'oiseaux et l'on s'en amuse. Les médias affublent nos présidents de vocables désobligeants (le nain de jardin, Flamby…), et l'on en fait de gros tirages.

Et plus généralement à la télé et sur le Net, il est devenu d'usage d'injurier plus ou moins violemment tous ceux qui ne pensent pas comme nous.

Certains, par exemple Marcela Iacub dans *Libé* (30 mars 2013), y voient même un progrès de notre démocratie, au prétexte qu'il vaut mieux s'insulter que se mettre des baffes.

„ même si la démonstration n'est pas complè-
nvaincante. Est-ce du lard ou du cochon ? Après

tout, on pourrait très bien imaginer qu'à l'étape suivante, on trouvera préférable de se mettre des baffes plutôt que s'entre-tuer !

Pourquoi ne pas rêver plutôt d'un monde où, même sous le coup d'une grande colère, on pourrait se détester les uns les autres sans être ordurier. Par exemple, en remplaçant les horreurs que l'on entend trop souvent par des insultes plus pittoresques à la manière du Capitaine Haddock : « Crétin des Balkans ! », « Extrait de cornichon ! », « Ectoplasme à roulettes ! », « Ornithorynque ! », « Moule à gaufre ! », « Bachi-bouzouk ! », etc., etc. Et apprendre à se disputer sans s'insulter.

Critiquer *un poco ma non troppo*

Tous les jours, sans même nous en rendre compte, nous tenons beaucoup de propos qui sont ressentis comme des critiques par les gens avec qui nous vivons ou nous travaillons.

Personne n'étant parfait, tous les jours au top de ses compétences, au mieux de sa forme, de son talent, de ses performances, les occasions ne manquent évidemment pas.

L'ennui, c'est que nos réflexions quotidiennes, même quand elles ne sont pas animées de mauvaises intentions, sont toujours désagréables à entendre, surtout quand elles sont justifiées. Et, sans pour autant faire du harcèlement moral, on n'en mesure souvent pas les conséquences.

Deux psys américains, Waugh et Fredrickson[9], ont par exemple montré que les critiques nous affectent davantage que les propos positifs. Ils ont même calculé que pour qu'une relation soit « florissante », il faut compenser chaque critique par 2,9 compliments : « Ceux qui se situent au-dessus du ratio s'épanouissent (*flourish*) et ceux qui se situent en bas languissent (*languish*). »

Idéalement, il vaudrait donc mieux éviter les critiques. C'est évidemment impossible quand on travaille ou quand on vit sous le même toit. On n'est bien forcé de poser des limites, d'exprimer son désaccord, son mécontentement, que sais-je encore.

Comment garder une parole impeccable dans ce cas-là ?

9. Waugh C. E., Fredrickson B. L., « Nice to know you: Positive emotions, self–other overlap, and complex understanding in the formation of a new relationship », *The Journal of Positive Psychology*, Vol. 1, Issue 2, 2006.

Je crois qu'il faut d'abord bannir autant que possible les petites piques et réflexions dévalorisantes qui égratignent ou blessent inutilement.

Ensuite, éviter les reproches du genre « C'est de votre faute », « Avec toi, c'est toujours pareil », « Je vous l'ai déjà dit cent fois », etc. Car au lieu de faire un effort pour s'améliorer ou arranger les choses, votre interlocuteur se braque ou se démotive un peu plus.

Vous pouvez avoir une opinion différente, penser que quelqu'un s'y prend mal, ne pas être d'accord, mais vous ferez toujours mieux prévaloir votre point de vue en tenant des propos encourageants.

Votre ado s'y prend mal, votre compagnon se défile, un collègue vous complique la vie… Oubliez les récriminations, les « toujours » et les « jamais ». Utilisez plutôt des formules motivantes, par exemple : « Ce n'est pas terrible, hein ! Qu'est ce que tu pourrais faire pour que ce soit mieux la prochaine fois », « Tu as fait ton possible, je suis sûre que la prochaine fois tu feras mieux », « Je sais que ce n'est pas de ta faute, mais ça m'arrangerait si… »

Méfions-nous des petites phrases assassines

Certains parents tiennent des propos dévalorisants : « Tu es ridicule/idiot/incapable/bon à rien… », « Je ne peux pas te faire confiance/compter sur toi… », « Tu es habillée comme une pute »…

Certains maris et amants se comportent de manière lamentable, par exemple en faisant sans cesse des réflexions désobligeantes sur votre physique au prétexte de se soucier de vous ; des épouses et des amantes vous cassent systématiquement, par exemple en alternant les cajoleries et les méchancetés. Il y a aussi de faux amis qui vous enfoncent chaque fois que vous avez un problème : « Ce n'est pas à moi que ça serait arrivé ! », « C'est ce que tu voulais, maintenant ne viens pas te plaindre ! », « Tu n'as jamais été très douée pour les choses compliquées »…

Mais, tous les jours, notamment dans les relations avec nos enfants ou dans notre vie de couple, nous tenons tous, sans pour autant vouloir être malveillant, des propos qui brisent la confiance et finissent à la longue par détériorer les relations.

La liste entière prendrait des pages et des pages, mais certaines formules toutes faites reviennent assez systématiquement, par exemple :

- « Débrouille-toi tout seul… », « Tu m'embêtes avec tes problèmes… »
- « Tu devrais aller voir un psy… » (dans un couple, ça finit la plupart du temps par un divorce)
- « Arrête de pleurer, ça me gêne… », « Je ne supporte pas quand tu te mets en colère… »
- « C'est toujours pareil ! », « Tu ne fiches jamais rien… »
- « Fais un effort… », « Si tu faisais plus d'efforts aussi… »
- « C'est de ta faute… », « Bien fait pour toi… »
- « Je te l'avais bien dit… », « Je t'avais prévenu… »

Avoir une parole impeccable, c'est aussi faire la chasse à ce type d'automatismes de langage pour cesser autant que possible d'utiliser « *la parole comme des magiciens noirs, se jetant en toute inconscience des sorts les uns aux autres* ».

Comment rattraper une parole malheureuse ?

Même avec la meilleure volonté du monde (bonne, forte, constante), notre parole ne peut malheureusement pas être toujours impeccable. D'ailleurs Miguel Ruiz en convient et recommande dans ce cas de ne pas en faire toute une montagne et se dire que la prochaine fois, on fera mieux.

Mais il n'est cependant jamais trop tard pour présenter des excuses et renouer avec une parole plus juste.

Pas facile, me direz-vous, de revenir en odeur de sainteté quand on a dépassé les bornes. Comme on a honte, on se sent coupable et souvent on en fait trop, trop vite, trop mal ou pas assez. En fait, s'excuser après un gros dérapage est tout un art.

C'est ce qu'ont montré deux psychologues de l'université d'Amherst (Massachusetts, USA), Cynthia Frantz et Courtney Bennigson[10]. Ils ont demandé à leurs étudiants d'exposer un motif de dispute dans les six derniers mois, d'expliquer en quoi ils s'étaient sentis offensés, au bout de combien de temps leur interlocuteur était venu s'excuser, et le degré de soulagement qui en avait découlé.

Conclusion de tout cela :

1/ Il ne faut pas s'excuser trop tôt après un clash. L'effet de soulagement des excuses augmente en effet avec le temps : des excuses faites trop rapidement après un

10. Frantz C., Bennigson C., « Better late than early : The influence of timing on apology effectiveness », *Journal of Experimental Social Psychology*, Volume 41, Issue 2, Pages 91-216, March 2005.

incident laissent un sentiment de frustration, en revanche, celles qui viennent plus tard sont plus réconciliatrices.

2/ Il faut laisser la personne exprimer sa colère, son ressentiment et sa frustration. Les excuses ne sont vraiment efficaces, elles ne réparent, réconcilient que si l'on prend le temps d'écouter afin de reconnaître toute l'étendue de ses torts. Un temps qui peut être relativement long, en fonction de l'intensité du clash : vous devez « encaisser » les remarques hostiles de votre « victime » pendant tout le temps qu'il faut, avant de présenter vos excuses.

Voilà l'essentiel du premier accord toltèque.

On voit bien pourquoi il est donné en premier et pourquoi il est « *le plus important et aussi le plus difficile à honorer* ».

Les autres, au fond, ne dépendent que de nous. On peut à force de bonne volonté et de travail sur soi-même se démettre de sa susceptibilité, de ses préjugés et s'efforcer de faire toujours de son mieux.

En revanche, la parole ne nous appartient pas, nous n'en sommes pas totalement maîtres, car nous la partageons : c'est elle qui crée le lien, qui est le lien, avec nos semblables. Il dépend de nous d'avoir une parole impeccable, mais aussi d'eux.

Autrement dit, cela, comme l'amour ou le bonheur d'ailleurs, ne peut se faire seul.

On voit toute la difficulté de la chose, mais « Yes, we can ! »

Ou comme le dit Miguel Ruiz : « *Servez-vous de la parole pour rompre tous les petits accords qui vous font souffrir. C'est possible. C'est possible parce que je l'ai fait, et que je ne suis pas meilleur que vous.* »

Le deuxième accord toltèque : « Quoi qu'il arrive, n'en faites pas une affaire personnelle »

Le deuxième accord toltèque, comme les suivants d'ailleurs, découle du premier : « Que votre parole soit impeccable ».

Le principe en est simple : rester indifférent « *quoi que les gens fassent, quoi qu'ils ressentent, disent ou pensent* ».

Concrètement, ça veut dire quoi ?

Miguel Ruiz donne pour exemple un cas classique, on a tous connu ça un jour ou l'autre : quelqu'un que vous ne connaissez ni d'Ève ni d'Adam vous traite d'idiot, voire pire, dans la rue.

Si vous en faites une affaire personnelle, vous êtes piégé.

Soit vous donnez votre accord, vous pensez : « Oui, c'est vrai, je suis idiot, voire pire » et vous enfoncez un clou supplémentaire dans la mauvaise opinion que vous avez de vous, soit vous vous indignez : « Comment, je ne suis pas comme ça ! » et, dit Miguel Ruiz, « *votre réaction consiste à défendre vos croyances* [vous n'êtes pas un idiot, voire pire], *ce qui provoque des conflits* ».

De toute façon, vous vous faites avoir : le poison du doute, de la peur ou celui de la colère « *s'infiltre en vous* », vous n'êtes plus vous-même, mais ce que les autres pensent de vous.

De fait, nous nous sentons souvent atteints par les propos et les attitudes des autres à notre égard.

Cela est évident quand quelqu'un se moque de nous, nous traite d'imbécile ou cherche à nous humilier. Beaucoup moins quand l'attaque est ambiguë : « Finalement, ça ne te va pas si mal que ça, les mini-jupes » – sous-entendu : « Tu crois que tu peux te le permettre avec tes fesses ? ». Ou lorsque la critique est voilée : « J'ai l'impression que ça n'avance pas bien vite, non ? » – sous-entendu : « C'est de votre faute. »

La blessure est encore plus pernicieuse quand les gens sont en apparence bien disposés à votre égard, semblent coopératifs : « Promis, je m'en occupe dès demain », « Écoutez, voilà ce qu'on va faire. Je vous fais un branchement provisoire, comme ça vous allez pouvoir en profiter tout de suite [de votre ordinateur mais sans son disque dur, du photocopieur mais sans la couleur, etc.] et dès que je rentre [à l'atelier, au bureau, au magasin...] je m'occupe de vous [trouver le câble, la pièce, le chaînon... manquant]. »

Trois jours plus tard, trois semaines plus tard, rien : vous êtes toujours sans disque dur, sans couleur, et si votre soleil étoilé vous a promis la Lune, il a oublié.

Parfois, notre ego et notre estime de soi en prennent un coup et cela déclenche des émotions et des réactions fortes, de colère ou de détresse. Mais, le plus souvent, l'influence des autres est plus sournoise, ce qui est plus minant pour le moral. Ils sèment le doute, la confusion, ils affaiblissent la confiance que l'on a en soi et nous font perdre nos repères.

Faites de tout une affaire personnelle et, au bout d'un moment, vous ne savez plus à quoi vous en tenir, vous ne comprenez plus ce qu'il se passe, vous ne savez plus sur qui compter, ni à quoi vous attendre.

Pourquoi fait-on de tout une affaire personnelle ?

Pour Miguel Ruiz, si l'on prend tout personnellement, c'est dû à notre éducation et c'est une manifestation d'égoïsme :

« *Au cours de notre éducation, de notre domestication, nous apprenons à tout prendre pour soi. Nous pensons être responsables de tout. Moi, moi, moi, toujours moi !* »

Il y a un peu de vrai dans cette idée. Par exemple, si nos parents nous ont élevés sans poser de limites, comme un enfant-roi, avec le droit de tout faire, alors, évidemment, on s'accorde plus d'importance qu'on en a. Même chose si, au contraire, on a été éduqué avec des principes trop sévères, si on a été élevé dans la culpabilité. Ou encore quand, à cause des événements de la vie, on a été responsabilisé trop tôt, trop vite. Plus tard, on manque de recul sur soi et l'on se prend très au sérieux, ou l'on se croit responsable de tout.

Mais il y a dans cette idée beaucoup de faux aussi. Reprenons l'exemple de la petite fille (voir chapitre précédent) qui « *chantait et sautait joyeusement* ». Quand sa maman, excédée, lui hurle dessus, elle se sent évidemment responsable. Elle n'imagine pas un seul instant que sa mère n'en peut plus parce qu'elle a eu une journée de travail épouvantable au bureau. Est-ce pour autant « *la plus grande manifestation d'égoïsme, puisque nous partons du principe que tout ce qui arrive nous concerne* » ?

Évidemment, non ! Enfant, nous n'avons pas les outils, ni les informations, ni la réflexion nécessaire pour faire la part de choses. Et donc, tout naturellement, nous nous sentons souvent responsables d'événements qui ne nous concernent pas.

Par exemple, on sait que beaucoup d'enfants du divorce sont persuadés au fond d'eux-mêmes – c'est très inconscient – que c'est de leur faute si leurs parents se sont séparés.

Alors, oui, nous avons tous tendance à prendre les choses de manière personnelle, mais c'est plutôt spontané, naturel. On n'est pas des sauvages, c'est bien normal de se sentir concerné par les gens avec qui l'on vit ou travaille.

« Vous n'êtes confronté qu'à vous-même, pas à moi »

Nous faisons aussi de tout une affaire personnelle parce que, dans nos relations, nous nous heurtons souvent sans trop savoir pourquoi, parce qu'un mot, un geste de l'autre a réactivé des blessures anciennes. Pour Miguel Ruiz, rien ne devrait nous blesser. Et, il va même plus loin. Si quelqu'un lui dit : « *Miguel, ce que tu dis me blesse* », il le renvoie systématiquement à lui-même : « *ce n'est pas ce que je vous dis qui vous blesse : ce sont vos propres plaies intérieures qui réagissent lorsqu'elles sont touchées par mes propos. Vous vous blessez vous-même.* »

C'est ce qu'on pourrait appeler des conflits « sacs de nœuds ».

Les motifs habituels d'accrochage : les ex, les enfants, la famille, l'argent, les amis… cachent en fait d'autres problèmes, sont le signe de frustrations ou de mal-être affectifs plus profonds. Blessé, on a évidemment tendance à amplifier, à dramatiser, et c'est l'escalade.

La bonne attitude dans ce cas-là : se boucher les oreilles, tirer le rideau, décrocher pour ne pas envenimer les choses, en attendant que les esprits se calment, que les rapports évoluent.

Et puis, relativiser. Car comme le dit Miguel Ruiz : « *Vous êtes le metteur en scène, le producteur et l'acteur ou l'actrice principal(e). Tous les autres n'ont que des seconds rôles. C'est votre film.* »

C'est vrai que, dans certaines situations, les autres ne sont que des prétextes pour nous sentir blessé ou nous mettre en colère. Nous avons tendance à les utiliser pour exprimer notre mal-être, nos frustrations. D'où vient cette colère ? Elle est, rappelle Miguel Ruiz, provoquée par votre peur : « *Si vous n'avez pas peur, il vous est impossible d'être irrité contre moi. Si vous n'avez pas peur, il n'est pas possible que vous me haïssiez. Si vous n'avez pas peur, vous ne serez pas jaloux ou triste.* »

D'où la nécessité de balayer devant sa porte, au lieu de critiquer (« Il est vraiment insupportable »), d'accuser (« C'est de ta faute »), ou de regretter (« C'était mieux avant ») pour rester distant émotionnellement quoi qu'il arrive. Car la plupart des problèmes qu'on peut avoir les uns avec les autres se règlent souvent d'eux-mêmes quand on n'en fait pas tout un fromage.

« Vous n'êtes aucunement responsable de ce que les autres font »

Selon Miguel Ruiz, « *chacun vit dans son propre rêve, dans sa propre tête* ». Du coup, « *ce que les gens disent, ce qu'ils font et les opinions qu'ils émettent dépendent seulement des accords qu'ils ont conclus dans leur propre esprit* ».

En conséquence, on ne devrait jamais se sentir touché, atteint, par les comportements des autres, et encore moins s'en sentir responsable.

Le principe est bon, on le connaît depuis longtemps, c'est le fameux « rendre à César ce qui est à César ». Mais peut-on pour autant se laver les mains de tout ?

Oui, par exemple, dans la vie quotidienne, où il vaut mieux accorder aux autres le droit à la mauvaise humeur. Quand votre patron a sa mine des mauvais jours, soit vous pensez que vous n'y êtes pour rien (« Il n'a pas digéré ses lasagnes au cheval », « Sa femme l'a envoyé dormir sur le canapé du salon ») et vous gardez votre sérénité, soit vous en faites une affaire personnelle (« Il m'en veut, c'est sûr ! ») et vous gâchez votre journée, voire votre week-end.

Même chose si vous vous sentez visé parce que votre femme vous lance en rentrant du bureau : « Elle pleure encore ! » (votre petite dernière) », alors que, non, elle ne pleure pas ENCORE, elle fait seulement une poussée de dents et vous êtes en train de lui préparer un biberon. Soit vous démarrez au quart de tout (devant tant d'injustice) et ça vire à la scène de ménage, soit vous vous dites « la lune de mes jours » est à cran et vous laissez filer.

C'est sûr que quand on ne fait pas de tout un problème personnel, on se sent moins remis en cause. On se concentre sur sa propre attitude, et ses propres responsabilités, au lieu de nourrir une obsession sur le comportement de l'autre. Et en ne renvoyant pas la balle, en restant émotionnellement distant, on désamorce les tensions et on évite aussi de nombreux conflits.

Que peut-on en penser ?

Miguel Ruiz va beaucoup plus loin : « *Même lorsqu'une situation paraît très personnelle, même lorsque vous vous faites insulter, cela n'a rien à voir avec vous.* »

Il donne pour exemple quelqu'un qui vous dit : « *Qu'est-ce que tu as l'air gros !* » Croyez-le, et vous laissez l'autre vous empoisonner la vie. Ne le croyez pas, ça ne vous atteint pas. Après tout, pourquoi pas, on peut s'en ficher, même si notre balance nous hurle chaque matin « Trop, c'est trop ! »

Oui, mais, qu'est-ce qu'il se passe quand on se fait traiter dans la rue ou le métro de « Sale Juif ! », « Sale Arabe ! » ou « Sale pédé ! », voire de « Grosse salope ! » ? C'est vrai qu'il vaut toujours mieux ne pas le prendre personnellement, car dans le cas contraire, « *vous ingurgitez toutes leurs ordures émotionnelles, qui deviennent alors les vôtres* », comme le dit Miguel Ruiz.

On se souvient qu'à un type excité qui avait crié « Enculé », le président Chirac avait gentiment rétorqué avec le sourire : « Moi, c'est Jacques Chirac ! » Bien plus classe qu'un revanchard « Casse-toi, pauv' con ! »...

Et puis on sait que, dans la vie, il y a des murs, des situations dans (contre) lesquelles on ne peut rien. On perd son temps à essayer de convaincre un antisémite ou un homophobe dans l'âme qu'une société multicolore ou arc-en-ciel, c'est joli.

Mais peut-on vraiment rester indifférent à ce genre d'insultes ? Même si on ne le prend pas personnellement, c'est tout de même l'affaire de tous, une question de vivre-ensemble. Doit-on réellement ne pas riposter : déposer plainte, assommer l'affreux d'un coup de pelle, etc. ? Peut-on réellement se contenter d'être « *protégé* [soi, tout seul ?], *tout en étant au beau milieu de l'enfer* », comme le préconise Miguel Ruiz ? Je ne le crois pas (sans en faire une affaire personnelle).

Comment ne rien prendre personnellement (ou presque) ?

À mon avis, la première chose à faire consiste sans doute à ne pas confondre les gens avec leurs comportements.

Vous pouvez faire quelque chose de stupide sans être stupide pour autant (voir chapitre précédent), cela vaut aussi pour les autres.

En fait, les vrais méchants sont rares. Bien sûr, on trouve partout des « petits chefs » terroristes, des teignes sexistes et homophobes, des nazillons de tout poil. Mais les vrais salauds, les mauvais dans l'âme ne courent pas les rues.

En général, ce n'est pas une personne qui est en soi pénible, c'est son comportement. Souvent, on croit que ce comportement est une marque d'animosité, relève de la volonté de nuire. C'est rarement le cas. La plupart du temps, cela relève du « Mon Dieu, pardonnez-leur, ils ne savent pas ce qu'ils font » ; on se montre souvent détestable sans le faire exprès.

La plupart des comportements désagréables, pour ne pas dire odieux, s'expliquent en réalité. Souvent par des raisons objectives. Divergence des personnalités, des valeurs, des intérêts... Différence d'appréciation des situations, des enjeux, des urgences... Les difficultés naissent généralement d'un désaccord sur les faits, les objectifs, les priorités, ou alors de malentendus, d'une mauvaise interprétation des motivations et des intentions.

Souvent, ce que l'on prend pour de l'hostilité ou de l'agressivité chez l'autre n'est en fait que l'expression de ses peurs ou de ses angoisses, d'un désarroi.

Les comportements difficiles sont avant tout des manifestations défensives, autoprotectrices ou compensatoires : ils cherchent à masquer, aux autres mais surtout à soi-même, des sentiments de faiblesse ou d'insécurité personnels. Par exemple, le type qui vous traite de « pédé » a peut-être de gros doutes inconscients sur sa propre hétérosexualité. De là, les coups qui volent parfois très bas, les sarcasmes ou les humiliations, les marques d'insensibilité ou les perfidies. Face à ce type d'attitude, pour ne pas en faire une affaire personnelle, il faut toujours aller au-delà des apparences, tenter de se mettre à la place de l'autre pour comprendre ce qui est en jeu dans son comportement.

Et puis aussi, remettre en question ses propres attitudes. Réfléchissez aux personnes qui vous font réagir. Pourquoi sont-ce souvent « les mêmes » dans les mêmes situations ? Pourquoi certains comportements vous affectent-ils plus que d'autres ? En quoi, d'ailleurs, vos propres comportements sont parfois perçus, ressentis d'une manière désagréable par les autres ?

Comment éviter de réagir en négatif ?

Spontanément, et je ne crois pas que Miguel Ruiz me contredirait, nous avons tous plus ou moins tendance à réagir négativement dès que nous nous sentons sur la sellette. C'est assez naturel.

Quand quelqu'un nous met en cause d'une manière directe (insultes, réflexions blessantes...) ou indirecte (insinuations, reproches), c'est toujours par nature très déstabilisant. Pris de cours, on reste parfois sans voix, mais le plus souvent on contre-attaque. Là, évidemment, c'est l'escalade.

Comment ne pas prendre les choses personnellement et garder une attitude (et une parole) impeccable dans ce genre de situation ?

Il y a une technique pour cela : elle consiste à miser sur l'écoute :

- Laissez votre « agresseur » vider son sac. Ne vous défendez pas (vous n'êtes pas coupable) et surtout ne ripostez pas du tac au tac, même si c'est tentant et que vous pouvez vous le permettre. En répondant à une agression par une autre agression, vous vous défoulez, certes, mais vous risquez de déclencher un processus de non-retour.

- Dites ce que vous ressentez, par exemple : « Je me sens blessé par vos réflexions (votre attitude) », « Vous voulez dire que… », « C'est vraiment ce que tu penses ? » En général, le simple fait d'être écouté sans être contredit est désarmant, les gens ne s'attendent pas à ça. Cela vous laisse en plus du temps pour réfléchir, avoir une meilleure idée du problème.
- Prenez acte de ce qui est dit, mais affirmez votre point de vue : « Pour vous, c'est peut-être une plaisanterie mais pour moi… », « Je comprends bien votre position (vos sentiments, vos idées, vos réticences), mais je pense que… »
- Si l'autre persiste dans la même veine désagréable, vous pouvez, soit réaffirmer en bloc votre position (« Je continue à penser que… »), soit attirer son attention sur un point positif : « Vous avez sans doute raison, mais cela peut certainement s'arranger. »
- Si, malgré tout, il continue encore à vous agresser, dites-lui clairement à quel point son attitude vous affecte (parlez sentiments : vous vous sentez blessé, vous avez de la peine, ça vous met en colère…) et les conséquences que cela peut entraîner : « Je préférerais éviter qu'on en arrive à une rupture. »
- Et encouragez-le, quand c'est possible, à parler de ses propres sentiments pour expliquer la violence

de son attaque : « Je comprends que vous ne m'aimiez pas mais… », « J'ai pourtant fait tout mon possible pour que vous ayez une meilleure opinion de moi » ou : « Je t'ai fait de la peine ? », « Tu ne m'aimes plus ? »

- Rompez le contact (provisoirement ou définitivement) si l'autre récidive dans ses attaques et que vous êtes trop en colère pour maîtriser vos émotions et vos réactions.

Pourquoi s'abstenir de jeter de l'huile sur le feu ?

Souvent, dans les relations, sûr de ses convictions, on tente d'imposer plus ou moins consciemment à l'autre sa manière de voir. Comme le dit Miguel Ruiz : « *Vous faites tout un plat d'un petit rien, parce que vous avez besoin d'avoir raison et de donner tort à autrui. Vous vous efforcez aussi de montrer que vous avez raison, en imposant votre opinion aux autres.* »

Évidemment dans ce genre de situation, soit l'autre se braque, fait tout le contraire de ce qui lui est demandé et ça vire au conflit ouvert. Soit il cède, mais il vous en veut et, un jour ou l'autre, il finit toujours par vous le reprocher. Par exemple : vous harcelez votre partenaire pour qu'il arrête de fumer. Même si, au départ, il trouve que l'idée est plutôt bonne (c'est mieux pour son teint, son haleine, sa forme...), plus vous insistez, plus il se bloque. N'en faites pas une affaire personnelle, lâchez du lest : « Tu fais comme tu veux », « C'est toi qui vois »..., ça change tout !

De nombreuses expériences, par exemple celle de Nicolas Guéguen, un chercheur en sciences du comportement de l'université Bretagne-Sud, ont montré qu'on obtient toujours plus de quelqu'un quand on le laisse « libre de... » : le taux d'acceptation (et de paix des ménages) est multiplié par trois.

La nature humaine étant ce qu'elle est, nous sommes tous aussi assez friands des disputes des autres. De nombreuses émissions de télé-réalité, voire d'information, comme « On n'est pas couché » ou « Ce soir ou jamais » fidélisent d'ailleurs leur clientèle sur ce principe : on regarde en espérant que « ça se dispute ». Mais ce qui vaut pour la télé – avachi sur notre canapé, on peut prendre, ça ne change rien – ne fonctionne pas dans la vraie vie. Au bureau et à la maison, il est toujours préférable de se tenir à l'écart des conflits, d'autant qu'ils ne nous concernent pas, ou alors très indirectement.

Alors, la prochaine fois qu'une réunion business vire à l'affrontement des egos ou un déjeuner dominical à la dispute familiale, n'en faites pas une affaire personnelle. Évitez de prendre parti pour l'un ou pour l'autre, même si vous êtes d'accord avec l'un plutôt que l'autre. Jouez-la suisse, neutre ! Votre seul devoir d'ingérence humanitaire dans ce type de situation, c'est de calmer autant que possible le jeu, de trouver les mots qui apaisent les esprits, permettent le compromis, pas de faire triompher le « gentil » camp contre le « méchant ».

Ou de chercher à avoir le dernier mot ?

Dans la rue, au bureau ou à la maison, il y a toujours un moment où les choses dérapent. On vous pique une place de parking, votre patron fait sa crise, le soleil étoilé de vos nuits vous allume injustement… Dans ces cas-là, parce qu'on a le droit, la raison ou le simple bon sens pour soi, on se croit obligé de défendre ses positions, son point de vue ou sa vérité, quitte à envenimer la situation. Mauvaise idée ! Dans un affrontement, il n'y a de gagnant qu'en apparence, ça n'est jamais que provisoire. On remporte une victoire, mais on ne règle généralement pas le problème de fond. Un jour ou l'autre, il resurgit sous une forme ou une autre, et souvent plus virulent. Vous le voyez bien d'ailleurs quand le rapport de forces est en votre défaveur. Vous cédez contraint et forcé, en ruminant l'injustice, et vous rêvez de prendre un jour votre revanche.

Alors, mieux vaut laisser filer plutôt qu'en rajouter une couche : renoncez à votre place de parking, à convaincre votre patron qu'il a tort ou le soleil étoilé de vos nuits qu'il pousse le bouchon un peu trop loin. Dans bien des cas, la sagesse consiste à lâcher du lest.

D'autant, comme nous le rappelle Miguel Ruiz, pourquoi se battre pour une opinion, notre vérité, alors que nous ne pouvons même pas être sûrs de nos propres croyances ? « *La programmation de notre esprit, tous les accords que nous avons conclus, comporte beaucoup d'incompatibilités.* » Pour le dire autrement, nous pensons et nous voulons souvent des choses contradictoires. « *C'est à cause du* mitote », explique-t-il (voir « Les 7 idées clés »), toutes les voix qui s'emmêlent dans notre tête.

Sommes-nous tous plus ou moins schizophrènes, animés de personnalités multiples ? Qui peut l'affirmer ? En tout cas, on sait depuis Freud et l'invention de la psychanalyse, que nous ne sommes jamais tout d'une pièce, aussi transparents à nous-mêmes qu'on peut l'imaginer. De là, effectivement, des pensées, des désirs et des intentions contradictoires, qui nous font entrer en conflit avec les autres, mais aussi avec nous-même.

Sigmund Freud

Originaire d'une famille juive de Bohème réfugiée à Vienne, Sigmund Freud (Freiberg, 1856 – Londres, 1939) montre très tôt des dispositions exceptionnelles. Brillant élève, il est premier de sa classe pendant ses sept dernières années de scolarité. Diplômé en 1881 de la faculté de médecine, il s'intéresse tout d'abord à la neurologie. En octobre 1885, il rejoint le professeur Charcot, à Paris, auprès de qui il travaille sur les symptômes hystériques. De retour à Vienne, il jette les bases de la psychanalyse, notamment en faisant le lien entre hystérie et fantasmes sexuels. De 1893 à 1905, il met en évidence ses concepts les plus importants : inconscient, refoulement, complexe d'Œdipe, transfert... Selon lui, l'esprit humain est structuré par trois instances : le Ça (les pulsions), le Moi (les désirs conscients) et le Surmoi (les modèles et les impératifs familiaux et/ou sociaux, les interdits intériorisés), qui entrent souvent en conflit.

Atteint d'un cancer de la bouche, un comble pour celui qui a fait de la parole une thérapie, Freud fuit l'Autriche à la veille de la Seconde Guerre mondiale et meurt à Londres.

La plupart du temps, on n'en tient pas compte, on croit dur comme fer à ceci ou cela et on fait des choix irréalistes en conséquence. Par exemple, on veut avoir beaucoup de responsabilités professionnelles et en même temps beaucoup de temps libre. Ou alors, on veut être heureux en couple et en même temps on court se faire des petits ou de grands plaisirs dans d'autres bras.

D'une certaine manière, on cherche à avoir le dernier mot avec soi-même, alors qu'il serait beaucoup plus profitable de reconnaître et d'accepter les contradictions de notre esprit et de faire de *vrais* choix.

« Même si quelqu'un prenait un fusil et vous tirait une balle dans la tête, ce ne serait pas personnel »

C'est, à mon avis, l'idée la plus intéressante de tout le chapitre consacré au deuxième accord toltèque.

Elle fait penser au « Ça n'a rien de personnel » du mafieux qui exécute un ancien camarade, qui revient fréquemment dans les films du genre. Elle rappelle *Voir. Les enseignements d'un sorcier yaqui*[11], rapportés par Carlos Castaneda, un ethnologue de l'université de Californie.

11. Gallimard, Folio essais, 1985.

À un moment, le jeune étudiant demande à don Juan, le vieux sorcier : « Mais, enfin, si un type attendait avec un fusil à lunette que vous sortiez de votre cabane, il pourrait très bien vous faire exploser la tête. » Et l'autre de lui répondre : « Tu es vraiment idiot, tu crois vraiment que ce jour-là, je sortirai de ma cabane ? »

On peut prendre cette déclaration au pied de la lettre ou la considérer comme une parabole, mais c'est une bonne manière de penser tout ce qui nous arrive de désagréable. Une façon en fait de se responsabiliser, car ce sont moins les événements qui nous affectent que le jugement, positif ou négatif, que nous portons sur eux. C'est aussi Montaigne qui disait, reprenant un vieux principe stoïcien : « Ne pouvant régler les événements, je me règle moi-même. » (*Les Essais*)

On peut aussi ne pas y penser, car au fond l'animal humain se distingue des autres justement parce qu'il fait de tout une affaire personnelle. Regardez, par exemple, une maman T-Rex, ou une banale chatte de gouttière : elle défend jusqu'à la mort ses petits, rien de personnel, mais une fois qu'un mâle les a dévorés, elle oublie et elle redevient immédiatement disponible pour une nouvelle aventure sexuelle avec le tueur. Nous autres, humains, au contraire, nous avons trop tendance à nous poser des dilemmes cornéliens, alors qu'il faudrait tout simplement se contenter d'agir ou de ne rien faire.

Cela dit, quand on n'en fait pas une affaire personnelle, non seulement on évite de diaboliser les autres, de les accuser de nos petits ou de nos grands malheurs, mais on ne culpabilise pas non plus, on ne s'autoflagelle pas. En cas de frustration, quand quelque chose rate, on sait minimiser, départager les responsabilités. Bref, il n'y a plus de problèmes, que des solutions. Et même l'absence de solution est déjà en soi une solution.

Pour conclure sur ce deuxième accord toltèque, rappelons que l'indifférence aux critiques va la main dans la main avec l'indifférence aux compliments . Car pour Miguel Ruiz, l'essentiel, et je ne peux qu'être d'accord avec lui, c'est de s'aimer et de s'apprécier assez pour ne pas dépendre du jugement des autres : « *Quand les gens me disent "Miguel, tu es le meilleur", je n'en fais pas une affaire personnelle* [...] *je sais ce que je suis* [...] *je n'ai pas besoin d'être accepté.* »

Le troisième accord toltèque : « Ne faites pas de suppositions »

Le troisième accord toltèque part d'un double constat : nous faisons tous, tout le temps, des suppositions à propos de tout et ces suppositions nous gâchent la vie la plupart du temps. Comme le dit Miguel Ruiz : « *Toute la tristesse et les drames auxquels vous avez été confronté dans votre vie proviennent de cette habitude de faire des suppositions, de prêter des intentions à autrui et de prendre les choses personnellement.* »

Nos suppositions nous font souffrir

Comme on interprète tout de travers, la plupart du temps, pour ne pas dire tout le temps, « nous finissons par créer tout un drame pour rien du tout ».

Pour appuyer son propos, Miguel Ruiz donne deux exemples tirés de la vie quotidienne. Dans le premier, vous êtes en balade et vous croisez quelqu'un que vous aimez bien. La personne vous sourit et poursuit son chemin. Partant de là, un simple sourire, vous vous faites tout un film dans votre tête. Vous prenez ce qui est sans doute une simple manifestation de politesse pour une déclaration d'intérêt. Ce n'est pas faux, on a tous plus ou moins connu ça, notamment dans les rapports homme-femme.

On sait bien, par exemple, que les femmes sont d'emblée charmantes et souriantes, même en face de gens laids et ennuyeux[12]. Et cela ne va pas sans créer de nombreux malentendus au quotidien, car les hommes ont tendance à mal interpréter les signaux non verbaux. De fait, ils prennent souvent les comportements sociables des femmes pour des tentatives de séduction. Sur le thème « elle me sourit, je l'intéresse (sexuellement) », ils sont plus tentés d'établir un contact. Ils deviennent même facilement « collants », comme l'a montré une étude américaine : lorsqu'une femme sourit à un homme en rentrant dans un ascenseur, celui-ci va, instinctivement, se rapprocher d'elle physiquement[13].

Autre exemple rappelé par Miguel Ruiz, les erreurs fréquentes de casting : « *Vous décidez de vous marier et vous supposez que votre partenaire considère le mariage de la même façon que vous. Puis vous commencez à vivre ensemble et vous découvrez que tel n'est pas le cas. Il en résulte beaucoup de conflits…* »

12. K. Grammer, K. Kruck, A. Juette, B. Fink, « Non Verbal Behavior as Courtship Signals: the Role of Control and Choice in Selecting Partners », *Evolution Human Behavior*, 21 (6), 2000.
13. J. Lockard, R. I. McVittie, L. M. Isaac, « Functionnal Signifiance of the Affiliative Smile », *Bulletin of the Psychonomic Society*, 1977.

Là aussi, ce n'est pas faux. Un mariage sur trois finissant en divorce, un autre battant de l'aile, on peut évidemment accuser la malchance, incriminer la routine, le temps qui passe, la mort du désir, voire les multiples tentations. Mais il y a de quoi penser aussi que, sans doute, nous nous trompons souvent d'histoire d'amour.

Que peut-on en penser ?

Dans le fond, c'est vrai, nous nous faisons souvent des films et, parfois, on se trompe : « *On rêve littéralement les choses dans notre imagination.* » Mais tous nos rêves ne finissent pas forcément en cauchemars.

Prenons le cas, par exemple, des rencontres amoureuses. On se raconte une histoire et c'est vrai que, souvent, on oublie que celui, ou celle, qu'on aime est réel. Et, un jour, on souffre qu'il ne soit pas tel qu'on l'avait rêvé. Mais, c'est bien normal de se faire tout un film quand on fait une rencontre amoureuse et de parer l'autre de toutes les vertus. Sans cela, rien n'arriverait, ne se passerait. Alors, oui, quand on aime, on se raconte toujours une histoire dont l'autre est le héros. Mais on ne se trompe pas forcément en imaginant le bonheur, surtout quand l'amour est réciproque.

Toutes nos suppositions ne sont pas non plus mauvaises. Par exemple, la plupart des spécialistes de l'éducation et du management s'accordent sur le fait qu'on obtient toujours plus des gens en supposant qu'ils sont capables du meilleur plutôt que du pire.

Et puis, tous nos malheurs ne proviennent pas automatiquement de nos suppositions. Quand on perd un être cher, c'est tout de même humain de se sentir touché personnellement et très triste. Sauf à se dire qu'on avait tout faux parce qu'on le supposait éternel. Bien sûr, on sait que tout le monde peut mourir d'une minute à l'autre, c'est même un vieux principe du bouddhisme zen, mais, *a priori*, on suppose à juste titre que la probabilité d'un tel événement est extrêmement faible. Sans cette supposition, on ne ferait d'ailleurs rien les uns avec les autres, on ne créerait pas de liens, ni professionnels ni affectifs.

De fait, ce n'est pas supposer (en positif ou négatif) qui pose un réel problème, mais de croire à nos suppositions, d'en faire des vérités absolues. Et dès le moment où l'on est capable de distinguer entre le possible et le probable, donc de relativiser tout ce qui nous passe par la tête, on peut très bien faire des suppositions en toute tranquillité.

Pourquoi suppose-t-on tout le temps ?

Pour Miguel Ruiz, si nous passons notre temps à empiler les suppositions, cela est essentiellement dû à notre « *besoin de tout justifier, de tout expliquer, de tout comprendre, afin de nous rassurer* ».

De la même manière que la nature a horreur du vide, l'être humain déteste vivre dans l'incertitude, d'où son besoin de réponses, au point qu'il lui importe peu, selon Miguel Ruiz, « *que la réponse soit correcte ; le seul fait de trouver une réponse nous rassure* ».

Pas faux, d'un certain côté. Depuis que le monde est monde, nous nous posons toutes sortes de questions. Il y a les grandes interrogations existentielles, la vie, la mort, Dieu, l'amour, la liberté, etc. Et les questions d'ordre pratique : pourquoi le soleil se lève tous les jours, pourquoi le ciel est bleu, comment faire du feu, de la moutarde, un TGV…

Les premières cherchent à donner du sens à notre vie et, il est vrai qu'on se contente parfois de réponses formatées, par exemple en imaginant qu'il y a une vie après la mort, ou pas, ou bien qu'il y a un droit un bonheur, à avoir des enfants… Ou, encore, qu'il vaut mieux croire à un seul dieu plutôt qu'à plusieurs.

Pour autant, tout cela relève de nos croyances. Tant mieux, si elles nous rassurent, du moment qu'on n'en fait pas des vérités gravées dans le marbre et qu'on ne cherche pas à les imposer aux autres par le fer et le sang.

Rappelons au passage à Miguel Ruiz que, si depuis que l'homme pense, les philosophes, les religieux, les intellectuels continuent à s'interroger, à débattre, c'est bien parce qu'ils sont conscients que les réponses qu'ils donnent sont plus des hypothèses de travail, des pistes de réflexions plutôt que du « prêt à mâcher » ou des notices Ikea pour un monde meilleur.

Sans suppositions, nous n'aurions pas de civilisation. Nous n'aurions pas inventé l'amour, le pardon, la liberté, l'écriture, l'art et mille autres choses qui font que notre vie ne se résume pas à chercher de quoi nous nourrir et une grotte pour dormir.

Sans même parler de suppositions pratiques. Il en a fallu aussi pour inventer les mathématiques, l'astronomie, les villes… La science, l'imagination sont faites de suppositions.

Comment nos jugements sont-ils faussés ?

Cela dit, Miguel Ruiz a raison quand il estime qu'on ne pense pas droit la plupart du temps. Cela est dû au besoin de se rassurer, sans doute en partie, mais surtout parce que les dés sont souvent pipés dès le départ : notre cerveau fonctionne de telle manière qu'il nous trompe. Pas tout le temps, mais assez systématiquement.

Nos « biais cognitifs » (voir page 46, idée n° 7) nous font commettre toutes sortes d'erreurs d'appréciation, et cela tous les jours et plusieurs fois par jour. Des erreurs d'appréciation, de jugement, que nous commettons tous d'une manière assez systématique.

Certains de ces biais affectant plutôt la perception que l'on a de soi ; d'autres, notre perception des autres, ils conditionnent complètement toutes nos relations individuelles, sociales, amoureuses, professionnelles…

Le problème, c'est que ces biais cognitifs ne sont généralement pas conscients, ce qui les rend d'autant plus pernicieux.

Par exemple, nous avons tous tendance à aller au plus court. Nous nous fions à nos premières impressions (biais de primauté). Au point qu'il est toujours extrêmement difficile de changer d'avis après un premier contact avec quelqu'un. Surtout quand on trouve la personne sympathique.

Par exemple aussi, parce que deux situations se ressemblent, nous ne cherchons pas plus loin (biais de l'illusion de savoir), nous ne tenons pas compte de ce qui pourrait contredire nos idées, nos valeurs et provoquer un désagrément, un sentiment de crainte, de culpabilité, de colère…

Ou encore, nous interprétons systématiquement les choses d'une manière qui confirme nos préjugés (biais de confirmation d'hypothèse). Nous avons ainsi tous tendance à rechercher plus activement et à accorder plus de poids aux informations qui confortent nos opinions, nos croyances. Et, inversement, nous ne recherchons pas, nous ignorons ou nous sous-estimons systématiquement l'importance de tout ce qui pourrait contredire nos convictions, voire les remettre complètement en question.

Citons aussi le biais d'autocomplaisance, qui occasionne des ravages. Quand nous réussissons, nous attribuons nos succès à nos capacités, nos efforts, nos performances. En revanche, en cas d'échec, nous avons spontanément tendance à penser qu'on n'y est pour rien : c'est la faute à pas de chance, des autres... De fait, nos suppositions sont rarement très heureuses. Par exemple, en cas de succès, nous péchons vite par orgueil : nous oublions toute prudence et nous multiplions les décisions irréfléchies, irrationnelles et les risques. Et, inversement, en cas d'échec, comme nous avons spontanément tendance à ne pas reconnaître nos responsabilités, nous sommes enclins à reproduire les mêmes erreurs.

Évoquons encore le biais d'égocentrisme, qui consiste à surestimer systématiquement notre contribution dans la vie et le travail avec les autres, à leur détriment. On en rajoute : « C'est grâce à moi ! », « Sans moi, on n'y serait pas arrivé », etc. Évidemment, comme les gens avec qui l'on travaille ou avec qui l'on vit en pensent autant de leur côté, ce n'est pas sans provoquer des tensions permanentes, et chacun de reprocher à l'autre son égoïsme.

On voit bien là à quel point, à cause de tous les biais cognitifs qui faussent notre jugement, le troisième accord toltèque n'est pas facile à appliquer, car spontanément nous faisons tout l'inverse. Nous ne pouvons qu'être d'accord avec Miguel Ruiz quand il affirme : « *On a tous des habitudes dont on n'est même pas conscient. Les amener à la conscience et comprendre l'importance de cet accord est donc le premier pas à franchir.* »

Peut-on « supposer » plus juste ?

Pour Miguel Ruiz, il est très difficile de ne plus faire de suppositions, car nous sommes si ancrés dans nos habitudes de penser qu'il ne suffit pas de les comprendre pour les faire cesser.

Pour autant, nous pouvons tout de même changer nos schémas de pensée, nous « recalibrer » mentalement : « *Ce qui va vraiment faire la différence, c'est l'action.* » Autrement dit, remettre en question, jour après jour, tout ce qui fausse notre jugement, nous induit en erreur et nous pousse à faire, souvent avec les meilleures intentions du monde, de mauvais choix.

Comment y parvenir ? Pour Miguel Ruiz, la solution est assez simple : « *Le meilleur moyen de vous empêcher de faire des suppositions est de poser des questions.* » En gros, si nous prêtons toutes sortes d'intentions aux gens, c'est parce qu'on reste dans le flou.

Par exemple, votre patron ou votre mère fait sa tête des mauvais jours, au lieu de lui demander : « Il y a quelque chose qui ne va pas ? », on préfère supposer : « J'ai dû faire ou dire quelque chose qui ne lui plaît pas. Il, elle, m'en veut. »

Pourquoi préfère-t-on interpréter les motivations des autres au lieu de communiquer ? Parce que les mauvais accords que nous avons passés avec nous-mêmes nous poussent dans ce sens : « *Il est dangereux de poser des questions* », dit Miguel Ruiz.

On a trop peur des réponses. Car, qui sait, notre patron ou notre conjoint nous en veut vraiment et nous n'avons pas envie d'être confrontés à la vérité toute crue. Et puis, en laissant les choses dans le flou, on peut, en cas de problème, s'en sortir en jouant les imbéciles. Par exemple : « Mais, maman, tu m'as dit prends ta douche ou fait tes devoirs. J'ai pris ma douche ! » ou : « Je suis désolé. J'avais compris que vous vouliez personnellement présenter le dossier Y, je n'ai rien préparé. »

De leur côté, votre patron ou votre mère, ça les arrange aussi. Ça leur permet souvent de se défiler quand ils ont pris des engagements : « Je vous ai promis une prime si vous dépassiez vos objectifs mais, bon, le marché est en pleine croissance en ce moment pour tout le monde, alors… », « Je t'avais dit qu'on irait au cinéma si tu faisais tes devoirs, mais, bon, tu as pris ta douche… »

Pourtant, la vérité, si désagréable qu'elle puisse être, est toujours plus profitable. Elle permet de communiquer

– et, là encore, on ne peut qu'être d'accord avec Miguel Ruiz – « *de façon propre et claire, libre de tout poison émotionnel* », bref, de régler les problèmes au lieu de les envenimer. Ne serait-ce qu'en s'épargnant nombre de désillusions et le stress du doute, de la méfiance et de la suspicion.

Ajoutons que lorsqu'on pose des questions aux autres, on s'aperçoit le plus souvent que leurs états d'âme, leurs préoccupations ou leurs problèmes n'ont la plupart du temps rien à voir avec nous, ce qu'on a pu dire ou faire.

Alors, dit Miguel Ruiz, « *ayez le courage de poser des questions jusqu'à ce que tout soit aussi clair que possible* ».

Est-ce pourtant aussi simple ? Pas vraiment.

De l'art de (se) poser des questions

Tous les jours, nous posons de nombreuses questions aux autres sur ce qu'ils pensent, ont dit, fait ou vont faire, veulent ou ne veulent pas. La façon dont vous formulez ces questions est chargée d'un pouvoir négatif ou positif.

Par exemple, toutes les questions qui commencent par « Pourquoi » sont pratiques quand c'est purement pratique : « Pourquoi la photocopieuse est-elle encore en panne ? – Parce que Martin a encore une fois oublié d'enlever les trombones de son dossier. »

En revanche, quand la question est plus personnelle, affective, cela peut bloquer la conversation. Il n'y a souvent pas de réponse sauf : « Parce que », sous-entendu : « C'est comme ça » ou : « Je suis comme ça. » Cela ne permet pas d'avancer, ni de trouver des solutions. Chaque fois que vous demandez « Pourquoi » à votre patron, votre conjoint ou votre ado – « Pourquoi avez-vous oublié mon augmentation ? », « Pourquoi tu réagis comme ça ? », « Pourquoi tu as fait ça ? » –, vous polarisez automatiquement son attention sur les difficultés. Vous rajoutez à ses problèmes et vous éveillez en lui des sentiments négatifs d'impuissance, de colère ou de culpabilité. Faites commencer vos questions par « Comment » ou « Que » : « Comment faire pour que vous pensiez à mon augmentation ? », « Qu'est-ce qui t'a fait réagir comme ça ? », « Comment vas-tu faire maintenant ? », ça change tout. En orientant l'attention des autres sur des solutions, vous les incitez à en trouver.

Certaines questions aussi sont ouvertes, par exemple : « Pourquoi vous me dites ça ? », « Qu'est-ce que vous allez faire maintenant ? », « Qu'attendez-vous de moi ? »

Et d'autres fermées : « Je vais l'avoir bientôt, ma Nintendo ? », « On y va ou pas ? », etc. Auquel cas, l'autre ne peut vous répondre que « oui » ou « non », ou alors : « Je ne sais pas », sous-entendu rien n'est possible, c'est à prendre ou à laisser.

D'où la nécessité de poser autant que possible des questions ouvertes, en forme d'alternative, par exemple : « Tu voudrais plutôt un grand mariage ou quelque chose d'intime ? » plutôt que : « On se marie bientôt, oui ou non ? » ; « Mon augmentation, vous la voyez comment, 20 % de mieux ou panachée avec des frais en plus ? » plutôt que : « Je vais l'avoir bientôt, mon augmentation ? »...

Ou encore en forme d'hypothèse : « Si on passe la nuit ensemble, on va chez toi ou chez moi ? », « Si on fait un bébé, tu vois comment sa chambre ? », « Si pendant trois mois je continue à faire les mêmes résultats, on pourra envisager de revoir mon salaire ? », « Si Martin s'en va, ça vous semble possible que je le remplace ? »...

En procédant de cette façon, tout ne sera peut-être pas idyllique, mais « *vous n'aurez plus besoin de faire de suppositions, car tout deviendra clair* ».

Est-ce suffisant, comme le pense Miguel Ruiz ? Pas sûr.

« Si les autres nous aiment, ils doivent savoir ce que nous voulons et comment nous nous sentons »

Selon Miguel Ruiz, c'est là un autre des mauvais accords que nous avons passés avec nous-même, qui nous incitent à ne pas poser de questions.

Reprenons son exemple du mari qui rentre chez lui et trouve sa femme faisant la tête. Il ne sait pas pourquoi, mais se dit que « peut-être sa femme lui a-t-elle prêté certaines intentions. Sans rien lui dire de ce qu'elle voulait ». Du coup, elle est fâchée, parce qu'il n'a pas satisfait son attente.

Il est vrai que chaque fois que vous attendez que le soleil de vos nuits ou la lune de vos jours vous devine en partant du principe « S'il m'aime vraiment, je n'ai pas besoin de dire les choses pour qu'il comprenne », vous jouez avec le feu. Comme, en plus, l'autre en fait autant de son côté, cela peut très vite dégénérer en mini-drame domestique.

Il vaut toujours mieux ne pas mesurer l'amour ou l'affection des autres à leur capacité de jouer les Madame Irma. Vous avez envie de faire l'amour : demandez. Vous êtes fatigué, vous voulez qu'on vous fiche la paix : dites-le. Vous avez besoin de sortir pour vous changer les idées :

proposez. Lundi prochain, c'est votre anniversaire : rappelez-le. Une communication claire peut régler pas mal de petits et grands problèmes de la vie quotidienne. Plus on s'exprime, plus on réduit les risques d'incompréhensions, de malentendus, voire de conflits avec les gens.

Cela est vrai dans son couple, sa famille, mais aussi avec ses amis ou dans ses relations de travail. Il est toujours préférable de dire en clair aux autres ce qu'on attend d'eux. Par exemple, avec votre patron. Vous avez des exigences. C'est normal. Il vous apprécie (espérons-le !), il veut les satisfaire. C'est normal aussi. Mais, forcément, si vous ne demandez rien, il peut imaginer que vous avez des exigences dont il n'a pas les moyens. Et que vous allez lui en vouloir terriblement s'il ne vous accorde pas vos mercredis en vous gardant au même salaire, s'il ne vous offre pas un mois de vacances les pieds dans l'eau dans un palace aux Bahamas pour vous récompenser de vos bons résultats ou s'il ne vous augmente pas d'emblée de 20 % alors que vous le méritez. D'un autre côté, certaines exigences qui vous semblent tout à fait raisonnables peuvent lui paraître tout à fait irréalistes. En abordant franchement le problème avec lui, vous désamorcez les *a priori* négatifs et vous multipliez vos chances de trouver un terrain d'entente (et des avantages conséquents).

Le silence est d'or. Ou pas !

La plupart des psys du couple sont pour le dialogue tous azimuts, sauf Yvon Dallaire, un thérapeute du Québec, pour qui la parole à deux doit être soigneusement maîtrisée. Selon lui, les couples heureux : (1) Ne croient pas en la toute-puissance de la communication, (2) Ne mettent pas en doute la bonne foi de leur partenaire, (3) Respectent la susceptibilité et les sentiments de leur partenaire, (4) Acceptent d'être incompris par l'autre, (5) Ne cherchent pas à trouver le coupable, (6) Ne forcent pas la communication, (7) Attendent le moment propice pour échanger, (8) Respectent les différences, (9) Communiquent souvent en silence, (10) Communiquent leurs besoins plutôt que leurs griefs, (11) Expriment leurs émotions de façon positive, (12) Ne critiquent jamais, même « constructivement ».
Source : université du Québec

« Voici ce que je veux ; voilà ce que vous voulez »

En communiquant clairement, toutes nos relations vont-elles changer ? Sans doute. En tout cas, la plupart dans notre univers affectif et professionnel.

On sait que pour être gagnant-gagnant, il est fortement recommandé par les experts en stratégie, comme Robert

Axelrod[14], de ne pas jouer au plus malin. Et, bien au contraire, d'avoir un comportement clairement identifiable, pour que les autres sachent à quoi s'en tenir et comprennent tout l'intérêt de coopérer.

On peut même supposer qu'en étant plus clair, on arrive à faire la paix avec nos ennemis. On ne s'aimera pas plus, mais au moins on se respectera le minimum nécessaire pour éviter de s'accrocher méchamment, et on désamorcera les conflits coûteux qui en découlent.

De là à penser comme Miguel Ruiz que : « *Si tous les humains communiquaient de la sorte, avec une parole impeccable, il n'y aurait ni guerre, ni violence, ni incompréhension* », l'idée, voire même le projet, est séduisant, on ne peut qu'y adhérer. Qui sait, peut-être dans quelques milliers d'années…

Mais, aujourd'hui, cela reste très utopique. On doit bien faire tous les jours avec la mauvaise foi, la mauvaise volonté, la bêtise, et plus généralement la malveillance des autres. On voit là les imperfections et les limites de cet accord.

Dans certaines situations, il vaut mieux avoir des *a priori* positifs, créditer les autres de bonnes intentions (voir

14. *Comment réussir dans un monde d'égoïstes : théorie du comportement coopératif*, Odile Jacob, 1996.

ci-avant). Mais, dans d'autres, il est nettement plus raisonnable de faire des suppositions négatives, ne serait-ce que pour éviter de se faire manipuler par quelqu'un de mal intentionné. On coopère, mais on riposte aussi chaque fois que l'autre ne joue pas ou plus la coopération : une riposte ni trop forte pour ne pas provoquer une escalade, ni trop faible sinon l'autre se croit tout permis.

Comme dit la sagesse populaire, même les paranoïaques ont des ennemis.

Ne peut-on jamais être sûr de rien ?

Je suppose, tu supposes, il suppose, nous...

Et on se trompe souvent, car, comme dit Miguel Ruiz, nous supposons *a priori* que tout le monde voit la vie de la même manière que nous, c'est même « *la supposition la plus importante que font les humains* ».

En conséquence, même si on se ressemble, s'assemble, si on a des affinités évidentes, mieux vaut toujours partir du principe que nous sommes tous différents, différents dans notre manière de penser, de ressentir, de juger. C'est pourquoi il est important de poser des questions quand l'on ne comprend pas quelqu'un, au lieu de tout interpréter de travers, voire de lui faire un procès d'intention.

Et même alors que vous pensez que tout est clair, « *ne pensez pas que vous savez tout ce qu'il y a à savoir* » sur quelqu'un ou une situation donnée. Bref, on ne peut jamais être sûr de rien.

Pourquoi cela ?

D'abord, parce que tout change en permanence, comme disent nos amis bouddhistes. Avec le temps, l'expérience, les opinions, les situations bougent (en mieux ou en pire), donc ce qui vaut à l'instant T ne vaut pas forcément à l'instant T'. Par exemple, quelqu'un peut vous faire une promesse très sincère et l'oublier dès qu'il a passé la porte.

Ensuite, nous dit Miguel Ruiz, parce qu'« *on fait également des suppositions sur soi-même, ce qui provoque beaucoup de conflits intérieurs* ». Le plus souvent parce qu'on se surestime ou qu'on se sous-estime. On se croit capable de ceci ou de cela, on croit qu'on veut ceci ou cela, et on découvre souvent que ce n'est pas le cas.

Et notre confiance en soi s'effondre. Parce qu'on a raté un examen, par exemple, on en conclut qu'on n'est pas doué, et donc on rate l'examen suivant. C'est ce qu'on appelle le biais des prophéties autoréalisatrices, qui a été parfaitement décrit par Robert K. Merton, un sociologue américain : l'appréciation fausse d'une situation provoque un comportement qui fait que cette appréciation initialement fausse devient vraie. Par exemple, les investisseurs en Bourse imaginent que le marché va s'écrouler, ils vendent massivement leurs actions, et cela provoque un krach boursier.

Le contraire est aussi désastreux. On réussit un joli coup, on se prend pour le roi du monde. On oublie ce jour-là le hasard qui a bien fait les choses, ou la faiblesse de la concurrence, et on en vient vite à exagérer ses capacités futures.

De fait, nous avons tous tendance à nous surestimer ou à nous sous-estimer en permanence.

Pour Miguel Ruiz, c'est particulièrement vrai dans le domaine amoureux, où l'on se ment beaucoup à soi-même pour se donner raison. Par exemple, on suppose : « Mon amour va transformer cette personne. » C'est l'erreur classique. On choisit une personne qui n'est pas la bonne, parce qu'on imagine qu'on la changera une fois qu'on sera avec elle. Mais, la règle d'or veut que, si on ne peut pas être heureux avec quelqu'un tel qu'il est maintenant, on ne s'engage pas. Donc, dès qu'il est question de mauvaises petites habitudes qui tiennent au caractère, à l'éducation et au mode de vie de quelqu'un, il est toujours préférable de se demander si on peut les supporter telles qu'elles sont maintenant plutôt que se dire : « Il est comme ça avec les autres, mais avec moi ce sera différent » ou : « Je vais le changer. » C'est comme acheter des chaussures une taille en dessous en imaginant bêtement qu'elles vont se faire à votre pied.

De fait, dit Miguel Ruiz, et il n'a pas tort : « *Il est beaucoup plus facile de dénicher quelqu'un qui soit déjà comme vous le souhaitez plutôt que de vouloir le changer.* »

Voilà au moins une chose dont on peut être sûr (presque).

Le quatrième accord toltèque : « Faites toujours de votre mieux »

Miguel Ruiz nous présente le quatrième accord toltèque comme une application des trois premiers accords, qui vaudrait pour la vie en général. Dans le principe, il s'agit, quelles que soient les circonstances, les difficultés extérieures comme les problèmes qu'on peut avoir personnellement, de faire son mieux, « ni plus ni moins ». Mais que signifie faire toujours de son mieux ?

C'est quoi, le mieux ?

En principe, le mieux, du latin *melius*, qui vient lui-même de *melior*, « meilleur », ça veut dire « plus bien », comme le pire signifie « plus mal ». Mais, dans le langage courant, le mieux est plus souvent le signe d'une amélioration, d'un progrès, sous-entendu qu'avant, c'était loin d'être bien, voire désolant.

On dit, par exemple, que quelqu'un va mieux quand il sort d'un coma éthylique ou alors qu'il a fait mieux qu'un autre, comme l'on dit qu'au royaume des aveugles, les borgnes sont rois.

Le mieux est souvent donc pour nous chargé de négatif.

Quand on dit que quelqu'un a fait de son mieux, cela signifie souvent qu'il a tout raté ou qu'il a obtenu des résultats médiocres. Mais on reconnaît qu'il a fait un effort et que sans cela, ça aurait pu être encore pire. D'ailleurs, on connaît le proverbe : « Le mieux est l'ennemi du bien » : en cherchant à mieux faire, souvent on gâche tout.

C'est ce qu'on reproche aux perfectionnistes : au lieu de se contenter de faire les choses bien, « ni plus ni moins », ils essaient de faire toujours mieux, du coup, le travail n'est jamais terminé, ils sont toujours hors délais.

Faire de son mieux n'a pas tout à fait la même signification pour Miguel Ruiz. Pour lui, cela signifie avant tout « *faire aussi bien que possible* » dans toutes les situations. Il s'agit moins d'être parfait que de pouvoir se dire : « J'ai fait tout ce que j'ai pu faire, compte tenu de ce que je pouvais faire. »

Autrement dit, en faisant de son mieux, on a la conscience tranquille.

Que peut-on en penser ?

Pour être certain d'être bien compris, Miguel Ruiz nous explique que notre mieux n'est jamais pareil d'une fois sur l'autre. Il varie selon notre humeur, selon notre niveau de fatigue, selon notre état d'esprit. Et il varie aussi au fil du temps, avec l'expérience : « *Lorsque vous prendrez l'habitude de mettre en pratique ces nouveaux accords, votre mieux deviendra encore meilleur qu'il n'était.* »

Autrement dit, pour Miguel Ruiz, notre mieux n'est pas lié à nos résultats : c'est l'intention qui compte, comme dit le proverbe.

D'un côté, il a raison : on ne peut pas se juger, ni juger les autres, sur les seules performances. D'abord, parce qu'il y a des situations où l'on ne peut pas faire grand-chose, nous sommes objectivement impuissants, malgré toute notre bonne volonté. Par exemple, on voudrait aider un ami qui est alcoolique, mais c'est difficile car il est complètement dans le déni.

Ensuite, parce qu'il y a des situations où les dés sont pipés dès le départ. Par exemple, vous participez au Tour de France et tout le monde est plus ou moins dopé sauf vous : votre mieux se traduira forcément par des performances catastrophiques.

Que faut-il retenir de tout cela ? Au fond, il s'agit de prendre la vie en général et les différents moments de notre vie de manière simple (sans en faire une affaire personnelle).

C'est un peu comme quand on joue aux cartes. Vous avez une donne, elle est ce qu'elle est et vous faites avec. En faisant de votre mieux, vous pouvez vous en sortir honorablement la plupart du temps avec une très mauvaise main, sauf si vous n'êtes pas loin d'être ivre mort. Au contraire, ne faites pas de votre mieux et vous ratez tout, alors que vous avez tous les atouts en main.

Le mieux est-il vraiment l'ennemi du bien ?

Pour Miguel Ruiz, cela ne fait pas de doute. Quand on cherche à faire davantage que son mieux, on en fait trop, comme on dit, on se maltraite inutilement : « *Vous dépenserez plus d'énergie qu'il n'en faut et en fin de compte votre mieux s'avérera insuffisant.* » En conséquence, il vous faudra « *davantage de temps pour atteindre votre but* ».

Reprenons l'exemple des trois premiers accords toltèques.

Vous pouvez y penser chaque jour, chaque minute, pester chaque fois que votre parole n'est pas impeccable, que vous prenez les choses personnellement ou que vous êtes en flagrant délit de suppositions. Est-ce pour autant que ces accords se substitueront plus vite à vos couacs actuels ? Du tout ! Bien au contraire.

Miguel Ruiz raconte la petite histoire du type qui va voir un sage bouddhiste et lui demande : « *Maître, si je médite quatre heures par jour, combien de temps pour connaître l'illumination ? – Peut-être dix ans. – Et si je médite huit heures par jour ? – Probablement vingt ans.* »

Deux fois plus d'efforts ne fournissent pas deux fois plus de résultats : on ne lave pas plus blanc que blanc en doublant la dose. Et, plus souvent, ils en fournissent deux fois moins, car : « *Tu ne feras que te fatiguer, tu passeras à côté de ton objectif et tu n'apprécieras pas ton existence.* »

Quelle leçon en tirer ? Pour Miguel Ruiz, elle est claire : « *Faire de votre mieux signifie agir parce que vous en avez envie, et non parce que vous en attendez une récompense.* » Ou, pour le dire comme ma grand-mère calabraise : on fait les choses de bon cœur ou on ne les fait pas. En cela, il s'inscrit là encore dans la pensée bouddhiste, où l'on doit faire ce qui est juste (nécessaire, bien, profitable à soi et aux autres) sans rien en attendre : des avantages matériels, de l'autosatisfaction, de la reconnaissance, etc. Tout le contraire de ce que nous faisons habituellement, nous dit Miguel Ruiz, car, hélas : « *La plupart des gens* [...]

n'agissent que lorsqu'ils espèrent une récompense, ne prenant aucun plaisir à ce qu'ils font. »

Pourquoi la bonne volonté est-elle préférable à la mauvaise ?

Il y a pire qu'en faire trop, c'est n'en faire pas assez, faire preuve de mauvaise volonté : « *Si vous faites moins que votre mieux, vous vous exposez aux frustrations, au jugement personnel, à la culpabilité et aux regrets.* »

Pour Miguel Ruiz, quand on ne fait pas les choses de bon cœur, plus par obligation, dans l'attente d'une récompense, on est forcément malheureux. On travaille durement, par exemple les accros du sport ou du boulot, ou alors on en fait le moins possible au bureau, on vit avachi devant sa télé, mais, de toute façon, on ne fait pas de son mieux.

On n'aime pas notre vie ni qui l'on est, on se plaint sans cesse que les autres nous en demandent trop, on envie ceux qui réussissent mieux, on les rabaisse, on les dénigre. Qui n'a jamais pensé ou entendu dire : « C'est l'argent de papa », « la promotion canapé », « il n'est pas très net », « elle est prête à tout… » ?

Alors qu'il vaut toujours mieux se poser les bonnes à propos du succès des autres : « Comment ils s'y prennent ? », « Qu'est-ce qu'ils font que je ne fais pas ? », etc.

Ou alors, on se trouve nul, on culpabilise et on se juge très durement. On s'accuse de tous les torts, même quand on n'y est pour rien. On pense qu'on ne fait jamais assez bien, et quand on fait une bêtise (qui n'en fait pas ?), on a l'impression que le monde s'effondre, on a terriblement honte de soi et on s'accable sous les remords.

On regrette évidemment toutes les occasions ratées – le job, l'appart ou l'âme sœur – qui nous sont passées sous le nez : « Je m'en suis aperçu trop tard », « Ça n'était pas le bon moment », « Je ne m'en sentais pas capable », « Je n'ai pas fait attention », « Je n'avais pas le temps », « Je ne voulais pas faire de vague », « J'ai trop réfléchi », etc.

Reste que si l'on fait moins que son mieux, ce n'est pas seulement, comme Miguel Ruiz le croit, que l'on agit que par obligation, dans l'attente d'une récompense. Il y a aussi ce qu'on appelle, en langage psy, des « volontés défaillantes[15] ».

15. Juliette boutonnier, *Les Défaillances de la volonté*, Éd. Transatlantique, 2002.

On ne fait pas de son mieux, également, parce qu'on est paresseux (on va au plus facile), craintif (on exagère les difficultés), complexé (on a peur de se tromper), velléitaire (on ne va jamais au bout), pessimiste (à quoi bon ?), etc.

En réalité, nous ne sommes pas tous égaux dès qu'il s'agit de volonté, de courage, de détermination ou de persévérance. Certains – est-ce génétique, culturel, un peu des deux ? – en ont plus que d'autres !

Comment faire de son mieux ?

À part passer à l'acte, « *être dans l'action, c'est vivre pleinement* », faire simplement les choses « *pour le seul plaisir que vous y trouvez* » et s'activer, « *prendre le risque de sortir de votre coquille et d'exprimer votre rêve* », Miguel Ruiz donne peu d'indications.

C'est vrai qu'aujourd'hui, on se voit vivre, on regarde autour de soi, on parle. Le cœur n'y est pas : on pense morose, on consomme ascétique, on s'aime sur la défensive. On économise son fric et ses sentiments. On pense mesquin, on imagine petit, on rêve en noir. On se dit, franchement, si le monde, si la vie sont comme ça, ça ne vaut pas la peine de prendre des risques, de faire des vagues ou de se créer des problèmes. Autant rester dans son cocon, son confort, ses habitudes. On a tort. Chaque fois qu'on cède à la facilité, qu'on renonce, on ajoute au désespoir, on creuse la déprime, la sienne comme celle des autres. Miguel Ruiz n'a pas tort quand il affirme : « *L'inaction est notre manière de nier la vie.* » Quand on n'a plus envie d'avoir envie, on est plus que mort !

Faire de son mieux, ça commence par retrouver l'envie d'avoir envie, même si nos désirs ne se réalisent pas tout de suite. On va peut-être moins loin qu'on voudrait, mais c'est toujours plus loin qu'au point où on était.

Comment y arriver ?

D'abord en se détachant du passé pour vivre pleinement l'instant présent, se détacher des gens comme des choses : « *Nous n'avons pas de temps à perdre à regretter quelque chose ou quelqu'un, car nous sommes vivants.* »

Est-ce facile, quand on a un peu plus de mémoire qu'un poisson rouge ? Pas vraiment. D'abord, parce que nous sommes tous soumis à ce qu'on appelle le « biais de *statu quo* » (voir page 48, idée n° 7) : le changement nous paraît toujours plus prometteur de difficultés et de risques que de gains possibles.

Dans une situation qui n'est pas vraiment satisfaisante, par exemple un mariage bancal ou une collaboration défaillante, nous avons plus souvent tendance à nous dire « c'est comme ça » et à en prendre notre parti, quitte à supporter notre lot de désagréments, que d'opter pour le changement. Ensuite, à cause d'un biais cognitif très particulier : « l'aversion à la perte », qui a été mis en évidence par Daniel Kahneman, un psychologue et économiste américano-israélien, prix Nobel d'économie en 2002.

En principe, le bon sens voudrait que, quand on est heureux, on laisse courir, et malheureux, on arrête les frais. Mais, hélas, nous avons tous tendance à nous enferrer dans nos erreurs, et cela d'autant plus que nous sommes impliqués.

Par exemple, on fait une rencontre amoureuse, on se lance dans une affaire commerciale… Ou encore on joue en Bourse, au poker, à la roulette… Assez rapidement, on s'aperçoit que cette situation ne nous convient pas, nous attire plus d'ennuis qu'elle nous procure de satisfactions, nous fait perdre plus que gagner, etc. Mais, au lieu d'en tirer les conséquences, de rompre, de mettre fin à l'expérience, de quitter la table, on rationalise : « il/elle va changer », « c'est une mauvaise passe », « la chance va tourner », etc.

On croit qu'on n'a « plus rien à perdre », voire des chances de se refaire, mais on néglige le fait que, si ça se passe mal, il y a peut-être de bonnes raisons.

Et on oublie que le véritable risque, c'est de perdre encore plus, qu'en restant sur de mauvais accords, notre situation ne peut s'arranger, les choses ne font qu'empirer.

« Lorsque vous faites de votre mieux, vous apprenez à vous accepter »

Personne n'étant parfait, nous avons tous des faiblesses et des défauts. Faire de son mieux, c'est les accepter. Ne plus gaspiller ses énergies, son moral à « réparer ».

Vous n'avez pas l'oreille musicale, laissez tomber les cours de piano. Vous êtes fâché avec les ordinateurs, revenez au bon vieux papier-crayon. Et si vous n'êtes pas très ambitieux, ne vous forcez pas à le devenir.

Quand on s'efforce de « réparer » un défaut, de développer une capacité pour laquelle on n'est pas doué, on peut bien sûr s'améliorer, mais on fait beaucoup d'efforts pour des résultats qui n'en valent pas la peine.

En « vivant » sur vos faiblesses, vous mettez systématiquement à mal votre amour-propre. Vous stressez parce que vous vous focalisez sur ce qui ne va pas chez vous. Et vous perdez un temps précieux que vous pourriez utiliser plus efficacement en exploitant vos vrais talents.

Au contraire, en vous focalisant sur vos seules qualités, en jouant uniquement sur vos points forts, vous obtenez de meilleurs résultats et vous avez de plus grandes satisfactions. Vous ne perdez plus votre temps à vous tracasser pour vos erreurs, à être contrarié par ce qui vous arrive, ni à vous inquiéter du lendemain. Vous ne vous prenez plus la tête parce que votre septième merveille du monde vous appelle trop rarement ou votre banquier trop souvent. Au fond de vous, vous savez que vous êtes capable de résoudre les problèmes.

« Vous avez le droit d'être vous-même »

Pour Miguel Ruiz, nous n'avons pas « *à prouver quoi que ce soit* » ; l'essentiel c'est de faire de son mieux. Et cela commence par savoir dire « non » quand on a envie de dire « non » et « oui » quand on veut dire « oui ». Autrement dit, faire autant que possible seulement ce pour quoi on est fait, suivre sa nature profonde.

Là encore, je ne peux qu'adhérer.

Si vous n'êtes pas « vie à deux », « jardin d'enfants », évitez. Vous n'êtes pas obligé de faire « comme tout le monde ». Quand vous devez faire quelque chose, faites-le pour vous, pas en fonction du regard ou des pressions des autres.

Même chose si vous n'êtes pas doué pour le piano ou le jogging. Laissez tomber. Ne vous forcez pas au prétexte que ça fait chic, que c'est à la mode ou bon pour la santé. Vous avez sans doute d'autres talents ailleurs, moins laborieux, plus naturels.

Les choix, les choses doivent se faire à l'affection, à la passion, sinon ils sont mauvais, elles sont mal faites. Vous ne pouvez faire de votre mieux que si « *vous prenez plaisir à ce que vous faites* », précise Miguel Ruiz. Il n'invente peut-être rien, les philosophes épicuriens, les bouddhistes, les spécialistes de la psychologie positive disent tous la même chose, mais c'est toujours une excellente chose de le rappeler.

« Faites de votre mieux parce qu'agir ainsi vous rend heureux »

Quand on fait les choses contraint et forcé, sans plaisir, on se sent frustré, malheureux, quels que soient les résultats. Là encore, Miguel Ruiz n'a pas tort.

Contrairement à une opinion commune, ce n'est pas le succès qui fait le bonheur, c'est tout le contraire. Quand on analyse 225 études sur le bonheur et le succès[16], on s'aperçoit que le succès a peu d'incidence durable sur la satisfaction de soi, mais qu'en revanche, les gens plus heureux ont plus de succès que les gens moins heureux.

Heureux, nous sommes beaucoup plus susceptibles d'avoir des relations et des mariages satisfaisants, des revenus élevés, des performances plus élevées au travail, une meilleure implication dans la vie sociale, une santé plus florissante, et même une plus longue vie. Concrètement, faites une liste de toutes les choses désagréables que vous avez faites ces six derniers mois. Quelles sont celles qui n'auraient rien changé à votre vie si vous ne les aviez pas faites ou si quelqu'un d'autre les avait faites à votre place ? Ensuite, arrêtez. Arrêtez de faire le boulot des autres au bureau. N'acceptez plus des déjeuners ou des dîners qui

16. S. Lyubomirsky, L King, E. Diener, « The Benefits of Frequent Positive Affect: Does Happiness Lead to Success? » *Psychological Bulletin*, 2005.

ne vous font pas vraiment envie. Ne vous forcez plus à servir de béquille à une bonne copine en pleine déprime ou à traîner le soir au bureau pour faire comme tout le monde.

Tout ce que vous faites parce que vous vous sentez obligé de le faire, vous le faites mal et cela vous donne une mauvaise image de vous. Chaque fois, vous vous mettez moralement en situation d'échec. À l'inverse, en faisant les choses de bon cœur, même les corvées, vous ne tombez plus dans la solution de facilité qui consiste à faire ce que les autres attendent de vous.

Débarrassé de vos fausses obligations, vous pouvez faire vos propres choix en fonction de vos propres besoins et de vos réelles possibilités. Vous agissez conformément à ce que vous pensez, sans ressentir de culpabilité ou de regrets excessifs, même quand vous faites des bêtises ou vous vous trompez.

« Vous n'avez pas à vous juger, à vous sentir coupable ou à vous punir »

Vous faites de votre mieux, mais les choses n'avancent pas ou trop lentement : ce n'est pas grave.

Nous avons tous ce que les spécialistes appellent des « programmations d'échecs ». Un psychologue américain, Taibi Kahler[17], nomme ces programmations, des « *drivers* » (conducteurs) dans la mesure où elles orientent nos comportements futurs. Elles conditionnent aussi bien notre manière de vivre et de travailler que nos rapports avec les autres, nos chances de succès amoureux, professionnels, sociaux…

Ces programmations ont été fabriquées par les messages négatifs accumulés durant l'enfance : les réflexions défavorables, voire humiliantes des parents, des autres enfants (frères, sœurs, condisciples…), des professeurs et de l'entourage en général. Elles sont réactivées dans notre vie d'adulte par les reproches et les critiques, justifiés ou non, qu'on supporte plus ou moins dans sa vie privée et son travail. Elles sont aussi renforcées par le propre regard que l'on porte sur soi.

On vit dans une civilisation de l'image et de la performance où il est facile de se sentir toujours un peu nul en regard des modèles idylliques proposés par les médias ou la publicité. Tous ces messages négatifs, actuels ou passés, nous programment pour penser et agir en fonction de la bonne ou de la mauvaise opinion que les autres

17. Taibi Khaler, *La Process Thérapie*, Eyrolles, 2010.

ont ou pourraient avoir de vous. Nous les avons intégrés sous la forme de commandements, d'accords passés avec nous-mêmes.

Du coup, nous nous créons sans même nous en rendre compte de fausses contraintes. On se dit : « Je dois.../Je ne devrais pas... », « Je suis obligé de.../Il faudrait que... », etc. Et on ne fait plus les choses pour soi, parce qu'on y croit, qu'on le veut, qu'elles peuvent nous faire du bien, mais en imaginant que c'est ce que les autres attendent de nous. Et en pestant, parce qu'on trouve qu'ils nous en demandent trop, ou en culpabilisant, parce qu'on a peur de ne pas arriver à les satisfaire.

Remplacez les formules précédentes par « Je peux.../Je pourrais... », « Je veux.../J'ai décidé que... », « Est-ce que j'en ai vraiment envie... », « Ça changerait quoi, au fond, si je ne fais pas ceci ou cela ? » Cela modifie tout !

En éliminant vos propres messages négatifs, non seulement vous échappez aux tentatives, plus ou moins conscientes, de manipulation des autres, mais vous faites aussi de votre mieux, en fonction de vos propres envies et de vos réelles possibilités. Vous agissez conformément à vos valeurs, vos aspirations profondes, sans ressentir de remords ou de regrets excessifs quand vous vous trompez ou que ça rate.

12 commandements pour devenir un « maître de la transformation »

Les mauvais accords que nous avons conclus avec nous-même et les autres sont si ancrés dans notre esprit et notre chair qu'on ne peut espérer les changer du jour au lendemain.

« *Ne vous attendez pas à vous exprimer toujours avec une parole impeccable* », « *n'imaginez pas que vous ne prendrez plus jamais rien personnellement* », « *ne croyez pas que vous ne ferez plus jamais la moindre supposition* », rappelle Miguel Ruiz.

Cependant, « *ni vous faites toujours de votre mieux, continuellement, vous deviendrez un maître de la transformation* ».

Certains principes de la psychologie positive peuvent vous y aider, par exemple :

- Se considérer comme l'égal des autres, plutôt que supérieur ou inférieur, tout en acceptant les différences : apparence physique, talents, compétences, situation financière, etc.

- Tenir pour acquis qu'on est digne d'intérêt, d'estime, de considération, du moins pour les personnes qui nous importent.
- Se comporter toujours comme tel, faire continuellement toujours de son mieux, sans se juger parce qu'on y arrive plus ou moins bien.
- S'accepter tel que l'on est sans travestir sa personnalité pour se faire aimer, car « *vous n'avez pas non plus besoin d'être accepté par les autres* ».
- Être pleinement confiant dans sa capacité à résoudre les problèmes et rester combatif dans la difficulté, malgré les échecs. Et ne pas hésiter à demander aux autres de l'aide quand on en a besoin.
- Agir en fonction de ce qu'on pense être le meilleur choix, faire confiance à son propre jugement, et ne pas se sentir coupable quand d'autres n'aiment pas nos choix.
- Ne pas avoir peur de commettre des erreurs, c'est comme ça qu'on apprend, qu'on s'améliore, et ne pas avoir honte de les reconnaître ; cela veut dire qu'on a une éthique, le sens de ses responsabilités personnelles.
- Ne pas perdre son temps à s'inquiéter excessivement de ce qu'il s'est passé dans le passé, ni de ce qu'il pourrait arriver dans le futur, mais apprendre

du passé et préparer l'avenir, en vivant complètement le présent.

- Croire fermement à certaines valeurs et principes, avoir des partis pris, des convictions fortes, et être prêt à les défendre, même en cas d'opposition, sans pour autant en faire une affaire personnelle.
- Se montrer bienveillant *a priori*, et coopérer avec les autres aussi longtemps qu'ils coopèrent, mais résister aux manipulations, dire « non » quand ça ne nous va pas.
- Être indifférent au succès comme à l'échec : « *Si vous agissez simplement pour le plaisir d'agir, sans attendre de récompense, vous découvrirez que vous apprécierez tout ce que vous ferez.* »
- Renouer avec ses sensations : « *Respectez votre corps, appréciez-le, aimez-le,* [...] *adonnez-vous à des activités qui font du bien à votre corps.* »

Pour en terminer avec le quatrième accord toltèque, rappelons qu'en transformant « *progressivement les trois autres en habitudes solidement ancrées en nous* », c'est lui et lui seul qui ouvre grand les portes du changement selon Miguel Ruiz : « *Ce n'est pas un accord facile à conclure et à respecter, mais il va vraiment vous libérer.* »

Pourquoi cet accord est-il aussi décisif alors que, comme on l'a vu (voir page 49, le premier accord toltèque), il n'est ni le plus important ni le plus difficile à mettre en œuvre ? Sans doute parce qu'il pose la question de notre vrai désir.

Voulons-nous continuer comme ça avec les problèmes, les difficultés que l'on connaît dans notre vie affective, amoureuse, sociale, professionnelle ? Ou voulons-nous vraiment changer, tenter de nous libérer de tout ce qui nous accable, ne nous rend pas spécialement heureux, et même souvent très malheureux ?

C'est à chacun d'y répondre comme il veut, comme il peut.

Pour finir… Un mot sur le cinquième accord toltèque : « Soyez sceptique, mais apprenez à écouter »

Fort du succès des *quatre accords toltèques*, soucieux de lui donner une suite, Miguel Ruiz a publié plusieurs années plus tard un autre livre.

Écrit à deux mains avec son fils don José Ruiz, *Le cinquième accord toltèque* reprend pour l'essentiel les quatre premiers accords, mais il introduit une nouvelle notion qui n'est pas inintéressante, le doute : « *Soyez sceptique, car la majeure partie de ce que vous entendez n'est pas vrai.* »

Le pouvoir du doute permettrait donc de discerner la vérité.

En soi, ce n'est pas nouveau. Cela n'apporte rien de neuf, le scepticisme est au cœur de la philosophie grecque depuis le IVe siècle av. J.-C.[18], mais, une fois de plus, il est toujours bon de rappeler que nous ne pouvons jamais être sûrs de la vérité.

Pour Montaigne, par exemple, aucun système de pensée n'est parvenu à établir des certitudes. À toutes les

18. Sextus Empiricus, *Esquisses pyrrhoniennes*, Éd. du Seuil, 1997.

questions fondamentales que se posent les hommes, les réponses des philosophes font un « admirable tintamarre », « chacun à son tour » a raison, « quoiqu'ils se contrarient » tous : « Tant d'humeurs, de sectes, de jugements, d'opinions, de lois, de coutumes [...] apprennent notre jugement à reconnaître son imperfection et sa naturelle faiblesse. »[19]

Montaigne

Michel Eyquem de Montaigne naît le 28 février 1533 dans le Périgord, au château de Montaigne. À 6 ans, il entre au collège de Guyenne, à Bordeaux, réputé pour son enseignement ; à 13, il fait son droit à Toulouse ; à 21, il devient conseiller à la cour des aides de Périgueux. À 24 ans, il entame une carrière politique à Bordeaux. En 1568, la mort de son père le rend propriétaire et seigneur de Montaigne. En 1570, il a son premier enfant (il en aura cinq autres). En 1571, âgé de 38 ans, il prend la décision de se retirer des affaires publiques. En 1572, il commence à rédiger *Les Essais*, dont la première édition paraît en 1580. L'année suivante, il a alors 50 ans, il est élu maire de Bordeaux. Il meurt le 13 septembre 1592, à l'âge de 59 ans. Il nous a laissé l'image de l'« honnête homme » au sens fort du terme : instruit, avisé, modéré et tolérant en matière de morale, de politique et de religion.

19. *Les Essais.*

Comme pour Montaigne, la préférence de Miguel Ruiz pour le doute, c'est la préférence de celui qui aime mieux chercher la vérité que de croire la détenir. Mais, à la différence de Montaigne, Miguel Ruiz croit que la vérité est accessible. D'un côté, il nous dit que tout ce qu'on entend n'est pas vrai, parce qu'on utilise des symboles pour parler, « *or les symboles ne sont pas la vérité* », mais des conventions de langage. De l'autre, qu'en apprenant à écouter, on ne met plus sa foi dans les symboles, mais en soi-même.

Le problème, c'est qu'il n'y a pas de « soi-même », et plus généralement de vérité, sans symboles, sans mots, pour le penser ou le dire. Comment dans ces conditions distinguer le vrai du faux, savoir par exemple, quand quelqu'un vous dit qu'il vous aime, si c'est de l'amour ou du pipeau ?

Au fond, il n'y a qu'une seule solution : écouter sans pour autant se sentir obligé d'avoir une opinion, de se dire d'accord ou pas d'accord, simplement écouter, et puis vous voyez si cela vous convient ou pas. Parce que, c'est vrai, la plupart de nos malentendus, de nos conflits viennent d'une mauvaise écoute.

La majeure partie des spécialistes de la perception et de la communication estiment que, la plupart du temps, nous n'entendons que 25 % de ce qu'on nous dit. Notre esprit aurait spontanément tendance à dériver, car nous écoutons trois à dix fois plus rapidement que nous parlons.

Au lieu d'écouter ce qui est dit, il est vrai que nous avons souvent tendance à évaluer ce que l'autre personne dit, à penser plutôt à ce qu'on va répondre et, souvent, à couper court (on n'écoute plus que d'une oreille) quand ça ne nous semble pas intéressant ou capital.

Pour être vraiment attentif, lutter contre la distraction et laisser ses préjugés de côté, il faut donc sans cesse vous poser des questions sur ce que vous entendez. Par exemple : quels sont les points clés, quelles sont les incidences de ces informations dans mon travail, qu'attend l'autre de moi, que dois-je lui demander ? Etc.

Pour le reste, concluons avec Miguel Ruiz : « *Ne me croyez pas, ne vous croyez pas vous-même et ne croyez personne d'autre non plus.* » Cette déclaration est peut-être la plus importante. Qu'est-ce que cela signifie ? Reprenons-la point par point.

« *Ne me croyez pas* » : à moins de soupçonner Miguel Ruiz d'être particulièrement retors, on peut penser qu'il nous recommande de ne pas le prendre pour un gourou. Il nous dit son sentiment, son opinion, sa vision du monde, sa voie vers la sagesse, mais, ensuite, à nous de nous débrouiller :

il se pose comme exemple, pas comme modèle, et encore moins comme une idole.

« *Ne vous croyez pas vous-même* » : ici, Miguel Ruiz rappelle un vieux précepte taoïste : « Si vous croyez savoir, vous ne savez pas[20]. » Ou, pour le dire autrement, oubliez toutes les idées que vous avez sur vous-même : les bonnes comme les mauvaises vous empêchent d'avancer !

Lao Tseu

Philosophe chinois (– 570 / – 490).
Auteur présumé du *Tao Tö King*, « le livre de la voie et de la vertu », aussi réputé en Asie que la Bible l'est dans le monde occidental, il est le fondateur du taoïsme, et l'un des personnages mythiques de la Chine ancienne. La voie du tao vise en particulier le non-agir – à ne pas confondre avec « ne rien faire » –, qui consiste à ne pas faire d'efforts inutiles, à suivre sa nature profonde, en conformité avec la nature et les événements.

« *Ne croyez personne d'autre non plus* » : un vieux proverbe du pays de Caux (Normandie) dit de semblable façon : « Méfie-té de ton pé [père], méfie-té de ta mé [mère]. – Et Dieu, alors ? – Méfie-té quand même. » Cela veut-il dire qu'il faut se méfier de tout et de tout le monde ? Pas

20. Lao Tseu, *Tao Tö King*.

du tout, plus simplement que ce que l'on croit n'est jamais qu'une opinion, ce que l'on entend, qu'un son de cloche.

Finalement, si les accords toltèques ont une utilité, peuvent changer notre vie, c'est bien en cela : que l'on croit au Ciel ou pas, nous sommes les seuls maîtres de notre destin, nous sommes libres de…

Note de l'auteur

Aux dernières nouvelles, *Les quatre accords toltèques* ont été vendus à plus de 4 millions d'exemplaires dans le monde, ce qui en fait un best-seller de la littérature *New Age*.

Bien sûr, on peut ne pas être d'accord avec tout, trouver que rien n'est bien neuf (encore que certaines vérités sont toujours bonnes à redécouvrir) ou regretter comme certains lecteurs que tout y paraît trop simple, trop idéal, sans discussion possible.

Pour autant, *Les quatre accords toltèques* est un livre qui peut amener à réfléchir et à remettre en question nos comportements les plus quotidiens.

C'est vrai, même si cela peut paraître très utopique, que si tout le monde appliquait ces quatre accords, le monde s'en porterait mieux. On en dirait autant des Dix Commandements.

Et même si tout le monde ne le fait pas, commencer à le faire soi-même rend sans doute déjà beaucoup plus heureux.

En cela, le livre de Miguel Ruiz mérite la peine d'être lu.

J'espère que je vous en ai donné l'envie et les clés pour en tirer le meilleur parti.

Bibliographie

Ruiz Don Miguel, *Les quatre accords toltèques. La voie de la liberté personnelle*, traduction d'Olivier Clerc, Poche Jouvence, Éditions Jouvence, Paris, 2005.

Ruiz Don Miguel, Ruiz Don José, *Le cinquième accord toltèque. La voie de la maîtrise de soi*, Guy Trédaniel Éditeur, traduction d'Olivier Clerc, 2010.

Index

Dans la collection **Le petit livre**,
vous trouverez également **les thématiques**
suivantes :

Cuisine - Diététique

Arts - Histoire - Spiritualités - Savoirs

Astrologie - Humour - Jeux - Insolites

Vie pratique - Vie professionnelle

Langue française - Langues

Développement personnel - Vie de famille - Santé

Jeunesse

Pour consulter notre catalogue et
découvrir les dernières nouveautés,

rendez-vous sur **www.editionsfirst.fr** !